寄语

新时代
共青团活动策划方法与实例

郭 雪◎编著

人民日报出版社

图书在版编目（CIP）数据

新时代共青团活动策划方法与实例/郭雪编著．--北京：人民日报出版社，2024.2

ISBN 978-7-5115-8227-0

Ⅰ.①新… Ⅱ.①郭… Ⅲ.①中国共产主义青年团-共青团工作 Ⅳ.①D297

中国国家版本馆 CIP 数据核字（2024）第 039720 号

书　　名：	新时代共青团活动策划方法与实例
作　　者：	郭　雪
出 版 人：	刘华新
责任编辑：	周海燕
封面设计：	先哲龙设计室
出版发行：	人民日报出版社
地　　址：	北京金台西路 2 号
邮政编码：	100733
发行热线：	（010）65369527　65369509　65369512　65369846
邮购热线：	（010）65369530　65363527
编辑热线：	（010）65369518
网　　址：	www.peopledailypress.com
经　　销：	新华书店
印　　刷：	廊坊市长岭印务有限公司
开　　本：	710mm×1000mm　1/16
字　　数：	311 千字
印　　张：	19.5
印　　次：	2024 年 2 月第 1 版　2025 年 6 月第 2 次印刷
书　　号：	ISBN 978-7-5115-8227-0
定　　价：	69.00 元

前言

共青团活动是共青团组织引导和服务青少年的重要载体，是加强青少年思想道德建设、促进青少年全面发展的有力手段。共青团活动策划不仅是一门技巧，更是一种艺术。它是通过精心设计和组织，将共青团的理念、宗旨和使命以一种生动且具有影响力的方式呈现给青少年的过程。随着社会的不断发展和进步，共青团工作面临着新的挑战和机遇。为了更好地适应新时代的需求，我们需要不断地创新和改进共青团活动的策划方法和实施策略。一个细致、全面、新颖的活动方案是保障共青团活动顺利开展的前提和基础。当前，共青团活动的组织策划越来越专业化和精细化，同时，青年对活动的要求也越来越高。因此，新时代共青团活动的组织和策划更要重视活动策划方法。

本书首先介绍了新时代共青团活动的策划原则和主要内容，阐述了新时代共青团活动的特点和发展趋势。然后详细介绍了共青团活动策划的创意、主题、内容、形式、方案、实施和总结的七步方法，并对每个步骤进行详细解析，帮助读者了解如何进行共青团活动的策划和实施。最后列举了各类共青团活动策划的实例，旨在通过具体的实例，帮助读者更好地理解和应用共青团活动策划的方法和技巧。实例附有点评，旨在抛砖引玉，激发引导读者在实例基础上结合自身实际情况加以创新。依据团章规定："共青团要发扬'全团带队'的传统，健全少先队组织的各级工作机构，加强少先队组织建设，支持少先队创造性地开展组织教育、自主教育、实践活动。"为体现内容的全面性，书内编排了少先队活动策划方法与实例。

本书可以帮助共青团干部和青少年工作者更好地设计和组织各类共青团活动，相信将成为其在策划和实施共青团活动时的有益参考。

在本书编写过程中得到了一些同人的帮助，在此一并致谢。由于编写时间及编写水平所限，书中难免有不足之处，恳望读者给予批评指正。

郭　雪
2024 年 1 月于昆明

目 录

第一章　新时代共青团活动策划综述/1

　　第一节　新时代共青团活动的策划原则/1

　　第二节　新时代共青团活动的主要内容/6

第二章　新时代共青团活动策划七步法/10

　　第一步　共青团活动创意/10

　　第二步　共青团活动主题/12

　　第三步　共青团活动内容/14

　　第四步　共青团活动形式/18

　　第五步　共青团活动方案/22

　　第六步　共青团活动实施/25

　　第七步　共青团活动总结/30

第三章　共青团会议类活动策划方法/35

　　第一节　共青团会议类活动概述/35

　　第二节　共青团会议类活动策划七步法/38

第四章　共青团评选类活动策划方法/47

　　第一节　共青团评选类活动概述/47

第二节　共青团评选类活动策划七步法/48

第五章　共青团社区活动策划方法/55

第一节　共青团社区活动概述/55
第二节　共青团社区活动策划七步法/56

第六章　共青团社会调研类活动策划方法/63

第一节　共青团社会调研类活动概述/63
第二节　共青团社会调研类活动策划七步法/65

第七章　共青团竞技类活动策划方法/76

第一节　共青团竞技类活动概述/76
第二节　共青团竞技类活动策划七步法/77

第八章　共青团大型户外类活动策划方法/84

第一节　共青团大型户外类活动概述/84
第二节　共青团大型户外类活动策划七步法/86

第九章　共青团联欢类活动策划方法/93

第一节　共青团联欢类活动概述/93
第二节　共青团联欢类活动策划七步法/95

第十章　青少年小组活动策划方法/103

第一节　青少年小组活动概述/103
第二节　青少年小组活动策划七步法/106

第十一章　少先队活动策划方法/116

第一节　少先队活动综述/116

第二节　少先队组织管理活动/122

第三节　少先队队日主题活动/126

第四节　少先队科技活动/129

第十二章　新时代共青团活动策划实例/134

第一节　共青团活动策划实例/134

【实例1】"五四"表彰大会活动方案/134

【实例2】校级学生组织干部培训策划书/139

【实例3】"十大杰出青年"评选活动方案/145

【实例4】"五四青年标兵"评选活动方案/150

【实例5】团建工作调研方案/155

【实例6】共青团主题教育活动知识竞赛策划书/159

【实例7】经典诗文诵读大赛的活动方案/164

【实例8】趣味运动会策划书/168

【实例9】户外拓展培训活动策划书/177

【实例10】青年婚恋交友联谊活动方案/183

【实例11】新年联欢会策划方案/188

【实例12】红歌联欢会策划方案/191

【实例13】大型主题活动策划方案/194

【实例14】二级团校策划书/198

【实例15】优秀团员评选方案/200

【实例16】优秀团支部评选方案/203

【实例17】活力团支部评选方案/208

【实例18】"爱岗敬业，奋斗青春"主题团日活动方案/212

【实例19】"开学送温暖"主题团日活动方案/215

【实例20】爱国主义教育主题团日活动策划方案/218

【实例21】辩论赛主题团日活动方案/221

【实例22】 公益宣传主题团日活动方案/225

【实例23】 纪念长征胜利主题团日活动方案/228

【实例24】 教师节主题团日活动方案/231

【实例25】 青年参加志愿服务活动的方案/234

【实例26】 青年文化艺术节活动方案/236

【实例27】 青年文明示范岗竞赛活动方案/240

【实例28】 团支部竞选演讲活动方案/243

【实例29】 学雷锋主题日活动策划方案/246

【实例30】 演讲比赛主题团日活动方案/249

【实例31】 植树节活动策划方案/252

【实例32】 中秋节活动方案/255

第二节 少先队活动策划实例/258

【实例33】 少先队建队节暨新队员仪式活动方案/258

【实例34】 少先队大队委员会竞选方案/264

【实例35】 大队委换届选举方案/270

【实例36】 艺术节闭幕活动方案/273

【实例37】 少先队队长学校活动方案/276

【实例38】 少先队员离队仪式活动方案/278

【实例39】 少先队代表大会策划书/283

【实例40】 红领巾体育节活动/286

【实例41】 5月份少先队活动方案/289

【实例42】 "庆祝建队日"中队主题活动方案/292

【实例43】 少先队知识竞赛主题活动方案/296

【实例44】 主题队日活动方案/299

第一章 新时代共青团活动策划综述

第一节 新时代共青团活动的策划原则

一、政治性原则

共青团的性质和根本任务决定了共青团的活动策划的政治性原则。中国共产主义青年团是中国共产党领导的先进青年的群众组织，是广大青年在实践中学习中国特色社会主义和共产主义的学校，是中国共产党的助手和后备军。因此，共青团的活动首先是围绕党的中心任务和实践需求，从共青团的使命和任务出发，寻找适宜的载体和策划方法。

二、独特性原则

青年作为一个独特的群体，与其他社会群体相比有着自己的独特性。此外，不同的青年群体之间也会因为年龄、阅历、学历、工作和生活环境等因素的不同而各具不同的特点。因此，共青团在组织活动时不仅要着眼全局，为党的中心工作服务，更要立足青年，照顾青年的特点，使活动既有广泛的社会基础和群众基础，又能激发青年的热忱和创造性。同时，也要针对不同群体的青年，根据不同群体的青年的特点来设计和开展活动。

三、时尚性原则

时尚的一个要求便是共青团的活动要紧贴时代的脉搏、锁定社会热点、充分体现青年的需求和爱好。新时代的青年生活和学习环境发生了很大的变化,这就要求新时代团的活动要跟上社会发展的步伐,跟上青年跃进的旋律,特别是一些传统的活动,更要敏锐地感应新的时代气息,突出新的主题。

时尚的另一个要求就是共青团活动的方式应该与时俱进,充分考虑青年群体中流行的方式方法,应采取青年喜闻乐见的形式,贴近青年、贴近时代的脚步。只有符合时代特征、专业特色、青年特点的共青团活动才能满足青年的需要。共青团活动的策划必须有新的创意、新的思路、新的方略,做到"策划如棋局局新",新时代共青团活动应寻找有品位的新形式和新方法,拒绝庸俗,做到有品位、够时尚。

四、开放性原则

共青团作为一个社会组织体,存在于社会之中必然具有社会属性,与社会有着千丝万缕的联系。共青团活动应该主动地向社会开放,实现资源的共享。特别是随着社会经济的飞速发展,经济一体化、区域化的进程不断加快,区域内人员的交流、资源的共享程度也不断增强。因此,共青团活动的设计不能画地为牢,而要打破旧的模式,全方位、多角度来设计,做到立足本职与面向社会的统一。

新时代团的活动既要根据本单位、本地区的实际情况,设计在本单位、本地区范围内开展的活动,又要打破行业界限和行政隶属关系,使活动走向社会,开辟新的空间。在开展活动的过程中,要巧借外力,借力发力,扩大影响。有时候,单单凭借共青团自己的力量，势单力薄，一些活动不容易开展。

坚持开放办活动还有利于节约组织活动的成本，实现区域内资源的优化配置；有利于充分发挥共青团职能作用，用有限的资源最大限度地凝聚和服务青年；有利于实现活动的更大价值。

五、灵活性原则

共青团活动的灵活性原则主要体现在两方面：一是活动形式的多元化创新；二是活动流程的灵活性控制。共青团活动的策划应具有一定的弹性、可调节性。在活动的过程中，应该从动态的角度，不断适应复杂多变的情况，最终达到活动的目标。这就需要在拟订方案时，提出可供选择的多种可行方案；在评估、选择和实施行动方案时，可以对原方案不恰当的地方进行必要的修正、补充，乃至重新拟订或综合出一个理想的方案。

首先，现在的青年个性张扬、价值多元，因此共青团活动要适应多元的需要。共青团的主要工作就是带领广大青年学生组织活动和参与活动，面对这种形势，在设计活动方案和动员青年的参与方式上要随之改变——形式多元化发展，从传统的组织动员到向社会动员发动，如志愿参与、发展会员等新型参与方式。随着社会各领域改革的进行，共青团的活动形式也相应地发生了由集中向分散、由单一向多元、由封闭向开放的变化。

其次，在活动的组织过程中往往会存在许多不确定的因素，这就需要对活动的流程进行灵活性的控制。比如，在一些活动过程中，随着活动的深入，参加者的各种素质和才能不断地表露出来，此时如果增加一个才艺表演往往能收到事半功倍的效果。而在一些活动中可能某些环节不太受青年的喜欢，若选择跳过此环节往往也可以减少青年的抵触情绪，使活动更受欢迎。

六、效益性原则

共青团活动的效益性原则主要体现在三方面：（1）活动是可行的；（2）活动是有效的；（3）活动是有收获的。

首先，共青团活动的可行性是指在活动的设计中提出的各项要求，要从青年的实际出发，符合绝大多数青年的水准，能为绝大多数青年所接受，并经过努力可以实现。当代青年既勇于进取，敢为人先，又注重实效，讲求实际。新时代团活动提出的要求太高，忽视青年注重实际的一面，就会使青年言而生畏，望之却步；要求过低，忽视青年勇于进取的一面，就不能激励青年奋发向上，勇攀高峰。因此，在提出活动的要求时，既要高标准、严要求，又要实事求是、恰如其分，使活动能够适应不同层次、不同类型的青年。

其次，共青团的活动能否取得成功，达到预期的目的，取决于活动的有效性。要使活动富有成效，必须做到：第一，要因时因地制宜，加强活动的针对性。青年的思想处于动态之中，外部环境也经常发生变化，因此，只有善于捕捉时机，抓住兴奋点来开展活动，才有可能取得较好的效果。第二，要讲究活动的形式和方法，团活动的内容与形式互相依存，它往往对活动本身起着举足轻重的作用。因此，必须根据活动内容的要求，开辟多种渠道，运用多种形式才能实现活动的预定目的。第三，要量力而行，在校的青年学生都有繁重的学习任务，同时，学校团组织的活动，往往受到人力、物力、财力的限制，因此团组织既要积极为开展活动创造条件，又要从自身的实际出发，只有这样才能保证共青团活动持久有效地开展。

最后，活动应该有所收获。所谓的收获主要指以下三方面：一是对一定区域内的社会生产发展或某种积极思想的传播起到促进作用；二是指在活动中能充分发挥青年的智力优势和创造精神，实现青年的自身价值；三是指活动有利于青年的成长或解决他们的实际需求。

七、专业性原则

新时代青年的发展呈现多样化的趋势，特别是个性化发展的需求急剧增加，青年问题的社会性特征越来越突出，青年工作专业化不仅是社会发展的内在要求，也成为青年自身社会性发展的必然诉求。随着快速发展的社会总体建设和青年干部学历水平的提高，共青团工作的专业化进程不断加快，专业技能日渐成形。因此，在共青团活动的策划上也要借助社会工作、心理学等专业的理念和知识，为青年提供更专业的服务。

八、系统性原则

共青团活动策划的系统性要求团组织在计划和组织团的活动时，要从团的工作全局去处理共青团活动本身与其他工作之间的关系。具体地讲就是：首先，每一项活动要从共青团的中心任务出发，分级分类，将青年的需求与共青团活动有机地结合起来。其次，活动与活动之间，应当建立系统的有机联系。共青团工作是一项长期复杂的系统工程，不能指望毕其功于一役，要围绕一个目标，把各项活动有机地结合成一个整体，才能形成总体效益。此外，共青团的活动要与共青团的其他工作之间相互配合，互相促进。共青团的活动只是共青团工作的一种途径，它不能取代共青团的日常工作，因此，团组织要对团的活动和其他工作进行统筹安排，并以团的活动来带动其他工作，以团的工作来促进团的活动。

策划是一个系统工程，新形势下的共青团活动策划要把活动涉及的环境和自身的各种要素、各个层次、各种结构、各个功能等主客观因素，运用系统原理，科学地进行重组，巧妙地整合在一起，产生更新更好的活动效果。

第二节 新时代共青团活动的主要内容

共青团活动的主要内容可以归纳总结为以下几类。

一、思想理论类

中国共产主义青年团是广大青年在实践中学习中国特色社会主义和共产主义的学校。开展思想理论活动是共青团组织运用共产主义的思想体系培养和教育广大青年的重要途径，其任务在于按照党的要求，不断向青年灌输共产主义和社会主义思想，提高青年的思想觉悟和道德水平，促使青年掌握事物的根本规律和发展方向，激发他们为实现党的总任务而奋斗的积极性，增强他们解决问题的能力，帮助广大青年学会马克思主义的立场、观点和方法，正确地分析和解决问题，提高广大青年的思想政治觉悟，增强青年积极参与社会改革、发展的积极性。

从内容体系上看，思想理论类活动可以进一步细化为以下几方面：

1. 以理想信念教育为核心，加强青少年思想道德建设，中国特色社会主义各项理论的学习实践活动；
2. 积极开展形势政策、国情世情的宣讲和研究活动；
3. 以青年的特点和需求为主题的调查和研究活动；
4. 共青团自身思想建设、组织建设的创新和研究工作。

二、知识技能类

青年正处于人生旅途的黄金季节，风华正茂。此时是人的身心和智能发展最为迅速、最为显著的时期，也是掌握知识、塑造自我的黄金时期。经过少年时期的知识积累，此时青年已经形成基本的价值判断，也处在选择何种专业知识和技能作为自己毕生的生存之法的关键时期。

以知识技能为内容，传播和推广科学的文化知识和职业技能，进一步提升广大青少年的知识水平和职业能力，培养造就一批知识层次高、职业技能过硬的优秀青年，是新时代共青团发挥党的助手和后备军作用的重要方法之一，是履行好服务青年职能的必然要求。

从内容体系上看，知识技能类活动可以进一步细化为以下几方面：

1. 围绕课堂教学的教学实践、学科竞赛活动；
2. 围绕生产、工作的职业技能培训、职业技能比武活动；
3. 围绕生活的科普、法律等知识的普及和调查活动。

三、兴趣特长类

以兴趣特长为内容，挖掘和培养青年的兴趣和特长，进一步激发青少年的生命活力、展现青春风采，培养造就一批品位高尚、多才多艺的优秀青年，是履行好引导和服务青年职能的必然要求。

从内容体系上看，兴趣特长类活动可以进一步细化为以下几方面：

1. 体育竞技类活动；
2. 文化艺术类活动；
3. 科技体验类活动。

四、成长需求类

人类的活动在某种意义上讲就是为了满足某种需求。青年作为人生的特定阶段，也必然会有着许多特定的需求。青年需求是青年群体对于社会现实的反映，是其自身与社会共同作用的结果，是青年一切行为的动力源泉。了解和把握当前我国青年需求的特点及矛盾，对进一步探索青年工作的特点和规律，更好地团结、教育、引导和服务青年具有十分重要的现实意义。

如何满足青年的各种需求成为共青团活动的一项重要内容。共青团组织作为青年利益的代表，在国家青年事务中发挥着极大的作用，而要获得青年的认可就必须最大程度地满足青年的需求。随着经济社会的不断发展，青年的就业方式、生活方式、行为方式、价值取向也在发生新的变化，青年的需求也越来越多元化。从内容体系上看，当前青年成长需求主要包含以下几方面：1. 生活生存；2. 身心健康；3. 婚恋交友；4. 社会认可。

当然，共青团也要通过活动加强对青年需求的引导，引导青年正确处理个人利益和社会利益的关系，把个人需求建立在现实的社会基础上。如何在满足青年合理需求的同时做好青年需求的引导工作也是共青团活动的重要内容。

以成长需求为内容，满足和引导青年的需求，进一步改善青年的生活和工作环境，对团结青年群体、维护社会稳定具有重大的意义。

五、志愿公益类

坚持以人为本，实现好、维护好、发展好最广大青少年的根本利益是共青团工作的立足点。因此共青团要组织策划公益类的活动，通过开展求学扶助、生活救助、法律援助、受灾地区青少年援助等工作，让他们切实感受到社会主义大家庭的温暖，共享改革发展的成果。同时，共青团要积极组织广大青年参加公益活动，有利于培养青年一代的社会责任感、实现青年的社会价值。这也是当前广大青年热衷于社会公益和志愿服务的重要原因。这种利益的涵盖应该是全面的，而不是部分的或局部的。

以志愿公益为内容，关注广大青年最关心、最直接、最现实的利益问题，追求自然的和谐发展、社会的公平进步，引导和培养青年的社会责任感，进一步改善我们的生存和生活环境，是履行好组织、引导、服务青年，维护青年合法权益职能的必然要求。从内容体系看，当前青年志愿公益类的活动主要涉及以下几方面：

1. 青年自身权利的保障，如青少年人口移动问题、教育权利保障问题、各项基本权益保护问题；

2. 社会其他群体的权利保障，如空巢老人、残疾人等群体面临的问题；

3. 社会环境的改善；

4. 自然环境的保护。

第二章 新时代共青团活动策划七步法

第一步 共青团活动创意

共青团作为党和青年的联系纽带，要善于从工作、学习、生活的点点滴滴中抓住灵感，寻找创意。共青团活动的创意主要来源于以下几方面。

（一）党团工作安排

共青团的活动首先便是要贴合党的中心任务和实践需求，要围绕共青团的使命开展活动。共青团作为党组织的助手和连接青年的纽带，往往会承担着大量的如纪念党的生日、纪念五四运动、学习一些会议的精神等政治任务，这些任务看似中规中矩，但只要调整一下思路，换个角度去看待，结合一些新形式、新方法，就会产生比较好的创意。

（二）单位或部门的工作安排

共青团开展活动，要服务于本单位、本部门的中心工作，要围绕中心工作配合本单位、本部门完成工作目标，发挥团组织作用，凝聚青年完成本单位急、难、险、重的工作任务。团的活动内容要选定这些方面作为重点内容。

（三）青年特点和需求

共青团组织作为青年利益的代表，必须帮助青年解决实际问题,最大程度地满足青年的需求。只有急团员青年之所急,想团员青年之所想,才能代表广大青年的利益,为团员青年服务。满足青年需求是共青团工作的一项中心环节。新时代随着各种文化的变迁和冲击,青年的生活方式、思维观念等都产生了极大的变化。同时,不同阶层、不同领域的青年的特点和需求也存在着极大的不同。因此,了解和把握青年的需求是做好共青团工作、策划好共青团活动的基础。共青团活动要紧紧围绕青年的特点和需求来开展,才能真正吸引青年、赢得青年。

(四) 社会热点和趋势

青年是新兴力量,对社会有着强烈的责任感,相对于中老年人有着对社会热点更敏感的反应和更浓厚的兴趣。在不同的时间段里青年都会有不一样的"兴奋点"。抓住社会的热点,适时地开展活动一定能够得到广大青年朋友的欢迎,因而社会热点往往成为当前共青团组织活动的一个重要来源。此外,反映社会发展趋势和走向的活动往往也能够得到比较大的认同。

(五) 传统文化

中国传统文化是中华文明演变而汇集成的一种反映民族特质和风貌的民族文化,它使中国人、海外华人引以为荣,它是中华民族的重要凝聚力。因此,以优秀的中国传统文化指引广大青年是共青团组织活动的一个不错的选择。同时,中国青年作为祖国的未来,也肩负着传承这些优秀文化的使命,从这个角度来说,共青团组织作为青年利益的代表,作为党管理青年事务的助手,更应该重视传统文化在青年中的传播和继承。

第二步 共青团活动主题

一、主题的重要性

活动的主题是活动的指导思想、宗旨、目的要求等最凝练的概括与表述，它是活动的精髓，是共青团活动策划中最核心的要素，在一定程度上影响活动内容的安排、活动形式的选择和其他诸要素的设计。活动的主题往往是经过高度概括和提炼而产生出来的，具有较强的感染力和号召力，比如，"迈好青春第一步""做新时代红旗手"等。

主题要素、内容要素、形式要素是活动设计和策划通常需要考虑的三大要素。这三大要素中又以主题要素为先导。一般活动的设计和策划都是主题要素设计在先；其次为活动的内容要素；待主题要素与内容要素确立后，再根据主题要素与内容要素的具体要求和特别需要来设计活动的形式，即最后进行形式要素的设计和确定。活动方案的设计要注意三大要素的有机结合、统一。

从主题这个角度来看，团的活动可以分成主题团的活动和非主题团的活动两类。具有一个非常好的提炼过程并被表达出来的活动主题，会使活动档次大大提高，达到一个新水平，使活动更具感染力和号召力。非主题活动并不是活动没有主题，它是为区别于主题活动而被称为非主题活动。它的特点是主题并不凸显，而且也往往无须表达出来，而是隐含在活动当中。但是活动的指导思想、目的要求和主题活动一样被充分表达出来。团的组织建设方面的活动一般都是非主题活动。比如，组织生活、新团员纳新会、"三会两制一课"，还有团内经常开展的小型多样的文体活动等，有关组织建设方面的活动大都有既定内容，且较为规范，就无须设计主题。团内小型文体活动也是常规性活动，经常开展也没有过细地策划与准备，它用来调节团内气氛，丰富青年生活，因此，一般也没有设计主题的要求。

二、主题的提出

（一）挖掘深刻内涵

活动的主题既是活动的总概括，更是对活动的一种宣传和动员，共青团在组织活动中一定要保持活动的主题具有深刻的内涵。具体来说，就是共青团活动的主题要符合时代、青年的需求或体现一定的哲理。比如"求职在路上""争做时代的弄潮儿"等都体现了时代的大节拍、大趋势，体现了青年的实际需求。此外，善于和勤于思考是青年的一大特点，青年处于成长和独立的关键时期，他们对人生的思考尤其多，因此共青团在组织这方面活动时一定要提炼出一些积极向上、能够激发青年的主题。比如，"寻找完美的自我""青春、活力、创造""为了理想的生活"等。

（二）提炼关键词

提炼关键词是确定主题的一个最基本的方法，也是比较简单直白的一种方法。具体来说，就是通过我们对活动的指导思想、目的要求、宗旨的归纳，总结提炼出活动主题的方法。就像我们通过反复阅读一篇文章，然后从中找出或提炼出关键词一样。例如，以"求职在路上"为主题的求职培训类活动，该活动的关键词其实就是"求职"和"培训"，其中"在路上"是对"培训"的一个形象化的表达。

（三）语言的艺术化处理

语言的艺术化处理就是利用一些修辞优化主题的方法。常用的修辞手法有比喻、对仗、借代、引用，甚至使用同音词，等等。比如，"多彩校园·闪亮青春"采用的就是对仗的手法；以"'袋'上爱·传递温暖"为主题的赠送环保袋为纪念品的募捐活动，就巧用了"带"与"袋"的同音，同时非常契合赠送环保袋这一安排。

修辞的手法固然会使主题词句朗朗上口，易读、易记，在一定程度上会大大提高活动本身的质量，但要特别注意，这些修辞手法要贴切、恰如其分，不能滥用，不能因辞害意。不能充分表达活动主题的意义和内涵，再深刻、再动人的语言也不是我们所需要的。

（四）主题的实体化表现

主题的实体化表现是主题设置的一个较高层次的境界。主题的实体化表现形式目前主要有三种：一是活动标志的设计；二是活动吉祥物的设计；三是活动的形象代言人。目前大部分共青团活动的设计都没有达到这一层级，往往只有在比较大型和比较成熟的系列活动中才能实现主题的实体化表现。

第三步 共青团活动内容

活动的内容是活动的主体部分。主题确立后，内容的安排是十分重要的。有了鲜明的活动主题，还必须有与主题相配合的恰当的内容，通过内容去体现主题，使活动达到预期的效果。

一、内容的基本要求

（一）内容应紧密联系主题，具有针对性

内容的策划要紧紧围绕主题这个轴心，为主题服务，而不游离于主题之外，使内容与主题脱节。内容必须说明主题，服务于主题，并受主题的制约。一个成功的活动，必须是主题、内容乃至形式的统一，如果内容不能充分反映主题的要求，在活动的过程中，就会改变我们最初制定的活动宗旨和目的要求，使得活动的性质发

生变化而出现南辕北辙的现象，最终导致活动失败。

（二）内容应反映真实需要，具有操作性

团的活动要吸引青年，不仅要从形式上创新，而且从内容上也要反映真实需要，包括在活动内容的设计上要体现群众性、反映青年特点和需求、紧跟时代性，所以团干部要抓住青年特点，学会用青年的语言去和青年交流，了解青年需求。除了反映青年需求外，还应体现共青团工作的特色，增强共青团活动的影响力。比如团组织举办青年技能大赛，不仅反映了青年希望提升技能的需求，也反映了共青团服务生产建设的需求。

活动内容的操作性要求我们在整体安排共青团的活动内容时，要充分考虑团员青年的承受能力，循序渐进，内容的难易程度应由低层次向高层次逐步提高，一步一个脚印，步步扎实。同时，要注重活动内容的完整性，内容安排上要连贯、一致，不能支离破碎、首尾相互矛盾，要使活动形成一个统一的整体。这样才有利于活动的整体操作和实施。

（三）内容应平衡两种倾向，具有高雅性

共青团的活动内容设计要防止两个倾向：一是脱离普通青年、高端化；二是低俗、媚俗和庸俗化。共青团活动内容的策划要坚持大众化的路线，从实际出发，根据青年群体的不同文化层次、兴趣爱好来设计活动的内容，那种脱离青年的实际接受能力的活动内容，曲高和寡，很难受到大多数青年的欢迎，比如对于大部分青年而言，大合唱与歌剧相比，他们会更容易接受和喜欢合唱。当然，如果活动的策划是专门针对知识水平较高的青年群众，可能歌剧会是更好的选择。活动内容的选择要根据受众来平衡好这两个倾向。

大众路线绝不是低俗、媚俗、庸俗化路线。强化活动内容的审美，以产生"距离"效应，就是在活动内容的安排上追求较高层次，增强活动的难度，使团员、青年觉得有"距离感"。这段"距

离"的存在，不但不会使活动的参加者减少，反而会让他们觉得团的活动很有"学问"，会使自己得到提高和锻炼，很快对团的活动产生浓厚兴趣，在行动上表现得积极、踊跃。因此，在活动内容的设计上我们不能过于迁就，还必须保证活动内容有一定的深度和超前性，并达到一定的水平。这就需要我们把握好活动内容设计上的"度"。

二、内容的设计

（一）投其所好

1. 社会的需求

活动的内容要体现社会的需求，比如诸多公益类的活动就是着眼于社会的需求。体现社会需求的活动内容，往往具有一定的公益性和社会效益，青年通过参加这类活动能够实现自我价值和社会价值的双赢。在自我价值方面青年通过这类活动展现了自己的技能或风采，得到社会的认可。同时，也可以给社会带来利益，解决社会存在的一些问题，实现社会价值。

2. 单位部门的需求

共青团的活动内容从单位部门的需求出发来设计，比如教育单位可以开展教学技能比赛，科研单位可以开展科研申报知识辅导，农村青年可以开展农业技术和知识的传授和服务，等等。共青团的活动不是为了活动而活动，而是必须服务于中心工作，只有这样才能更好地赢得团组织所在的党政、单位支持，也只有这样团的活动才能发挥实效，更好地服务青年、引导青年。

3. 青年的需求

满足青年需求要求基层团组织开展团的活动，让团员、青年满意，使之成为团结、教育青年的基本途径。只有急团员、青年之所急，想团员、青年之所想，才能代表广大青年的利益，为团员、青年服务。所以我们选定团的活动内容，要从团的活动应具有青年性的角度出发。青年需求是社会需求、单位部门需求的最终落脚点。

4. 青年关注的热点

我们还应该注意到青年一定时期内的"兴奋点"。这也是我们选定活动内容的一个重要参考。团的活动内容触及青年热点问题，是有针对性地开展青年工作的一个重要表现。只有针对他们的热点问题来选定活动内容，才能使我们的活动内容丰富、不断变化、有新意、受欢迎。

（二）拿来主义

所谓拿来主义，指的是共青团活动内容的设计可以参照其他活动的好的内容；也可以直接将其他组织活动的精彩内容拿过来。但拿来不是简单地照搬照抄，拿来是有学问的。

拿来有不同的层次。最简单的层次就是直接"拿来"，也就是照搬照抄。在组织活动的过程中，活动的组织都会去参考一些已经组织过的活动，从中去找灵感、找内容，发现适合本次活动的内容时也往往不乏有直接拿过来就用的情况。较深的层次是有选择地"拿来"。有选择地"拿来"是指，在发现适合本次活动的内容时，还要对该内容进行分析和解剖，找出里面最合适的部分，拿到本次活动中来。最深层次的是创新地"拿来"。这一层次的"拿来"是为了推陈出新，创造新的活动内容，所以严格意义上说它不是"拿来"，而是一种创新。拿来的东西只是一种参考、一种灵感的激发。

在共青团的活动策划中要提倡最高层次的"拿来"，要把其他的活动为共青团所用，并呈现共青团自身的特点，融入共青团的血液，成为共青团活动的重要部分。

第四步 共青团活动形式

一、活动的形式

活动的形式是共青团活动的载体,是共青团通过活动表达主题、展现内容的一种方式。根据不同的划分方法,我们可以把共青团的活动形式划分为不同的类型。

从团的活动时间和数量上着眼,可以把团的活动划分为小型活动和大型系列活动两种。

(一) 小型活动

小型活动是指时间跨度小,内容、形式单一的活动。这类活动具有规模小、渗透性强、组织简单的特点,也是基层团组织经常开展的活动。但小型活动的影响力往往有限。

(二) 大型系列活动

大型系列活动是指时间跨度较大,内容、形式多样的活动。这类活动多是在同一主题下不同时间内各种活动的组合。这类活动一般气势宏大,影响面较宽,能在社会上产生较大的反响。但是,大型系列活动一般耗资较大、组织工作繁重,对组织者的能力要求较高。

此外,我们还可以按活动的主体把共青团活动划分为青年活动、青少年活动等;按活动的开展地,我们可以将活动分为城市共青团活动、农村共青团活动;从空间上,还可以将共青团活动分为室内活动和户外活动等。

二、活动形式的选择标准

（一）主题内容是基础

主题是整个活动的宗旨，内容则是活动形式的基础。活动形式的选择要契合主题和内容的风格和要求。比如政治性比较强的主题，它的活动形式就要正式一些、严肃一些；而联欢类的主题，活动的形式则需要活泼一些、欢快一些。

（二）青年爱好是参考

共青团的活动设计是面向青年的，要得到青年的欢迎，就需要参考青年的特点和爱好。随着社会的发展，青年的生活方式、思维方式都发生了极大的变化，对事物的审美观念也越来越多元化，因此，共青团活动的设计要充分考虑青年的这一变化和特点，尽量选择青年喜欢的形式，这样往往能使活动收到更好的效果。

（三）客观条件是限制

活动形式的选择往往还会受到场地、经费等客观条件的限制。活动形式的选择要符合组织者的组织能力和其他客观条件的要求，不可一味地追求活动形式的创新和大规模。

（四）保持层次是底线

共青团活动形式的选择要充分考虑青年特点和喜好，但并不是说只要是青年喜欢的形式我们就能拿过来用。共青团作为先进青年的群众组织，要保持自己的先进性，因此在活动的组织上也要保持活动形式的先进性，活动要保持一定的层次。

三、活动形式的发展趋势

（一）小型活动将成为基层团组织的主流形式

当前，共青团组织活动的方向逐步转向小型活动的组织，小型活动的组织将成为共青团组织日常工作中的主流活动形式。小型活动直接作用于基层团组织中的广大团员青年,虽然活动气势不大,"影响"较小,但效果不可低估。要实现团的活动影响全体青年,靠一两次轰轰烈烈的大型活动是不可能奏效的,需要靠小型多样的活动的普遍开展才能取得良好效果。因此,小型活动将成为基层团组织活动的重点。

(二)青年自组织活动的重要性日益提升

随着社会的发展,青年自组织得到了极大的发展,相对共青团而言,这些自组织往往是基于共同的兴趣爱好或共同的愿景成立起来的,具有较强的自发性和较强的凝聚力。围绕这些兴趣爱好和共同的目标愿景开展活动是青年自组织日常运行的一个重要的方面。近年来,青年自组织的活动越来越多,引起社会和大众的关注。共青团组织如何积极地介入此类活动,通过帮助和支持青年自组织的活动来更好地引导和团结青年成为共青团组织活动开展的一个重要方面。

(三)新媒体渗透到活动各个环节

随着互联网的快速发展,新媒体深刻影响着青少年的思想观念、表达方式、聚集方式和动员方式,也深刻影响着共青团的各项工作。青年接受新事物快、好奇心强等特点,使得青年使用新媒体占有很大比例,运用新媒体紧密联系青年是一个趋势,新媒体在青年思想引导、活动覆盖和增强活动影响力等方面具有重要作用。

(四)社会工作专业力量的介入

社会工作是指以"助人自助"为宗旨,运用专业理念、知识和方法,为有需要的社会成员提供服务的助人活动。

社会工作介入共青团工作特别是团的活动策划方面有以下几个切入点:

第二章 新时代共青团活动策划七步法

第一,服务对象都是青少年群体,提供的服务都要符合青年特点,体现青年成长规律。青少年是一个人们常用但又很难确切定义的概念,青少年在人们的感觉中应指十多岁身体开始发育但未完全成熟的年轻人。一般而言,青少年指的是从儿童向成人的过渡期,其起始年龄为十二三岁,即青春期开始来临的时期;而青少年上限的年龄则应止于社会成熟时期,这个年龄界限依不同的时代背景、社会环境而有所差异,一般应在25~30岁。团章规定团员必须在14周岁以上、28周岁以下,正好符合了通常意义上人们对青少年的界定。

第二,工作领域有交叉。学校、企业、社区、军队、医院、机关等这些都是团组织覆盖的阵地,是团的工作载体。社会工作的领域也是广泛的,按照实施的机构来分,通常把社会工作的领域分为学校社会工作、企业社会工作、医务社会工作、矫治社会工作、社区或家庭社会工作,这些和共青团组织的工作领域有很多交叉。

第三,活动内容上有相似相通处。活动是团组织吸引、凝聚青年的一个重要策略和法宝,共青团活动内容有思想教育类、知识技能类、公益活动类、成长成才类等方面,而以青少年为对象的社会工作,我们称为青少年社会工作,其主要内容包括思想政治教育与辅导、道德及品格的辅导、学业指导、健康成长指导、就业辅导、生活方式辅导、社会交往指导、婚姻服务和特殊青少年服务等。这些与青少年社会工作的内容很多是一致的。

第四,社会工作方法、理念可作为共青团工作的有益借鉴和补充。共青团是先进青年的群众性组织,有一套和群众打交道的方法,积累了大量的宝贵经验。当前,"两新"组织迅猛发展,利益主体日趋多元化,共青团联系、服务群众的领域也日益扩大,情况变复杂,难度加大。在今天,需要不断创新社会管理方式,提高社会服务水平,满足青年多样化的需求。

近年来，在共青团活动的实践中，借鉴社会工作的个案工作、小组工作、社区工作等专业工作方法的成功尝试不断涌现。比如小组工作主要通过社工游戏、分享、角色扮演等形式开展，形式活泼、互动性强，适合在青年中开展。在团组织活动设计、实施中可以适当借鉴小组工作方法，提高活动设计的方法性和技巧性。

第五步　共青团活动方案

一、方案制订的原则

（一）系统完整

活动方案要系统而完整，即活动的主题、内容、形式、时间、环境等统一到一个完整的系统设计中。活动方案的制订要围绕主题定内容和形式，同时在选择内容和形式时也要充分体现主题。比如，主题是严肃的，活动的内容、形式就不能过于活泼。

（二）清晰明确

任何活动方案都不能"大概其"，它的每一项都应该进行具体而详尽的安排和制订。方案撰写要简单易懂便于操作实施，每一项具体详尽，做到量化细化。比如，参加活动的人的心境、文化、服饰等，都要纳入活动方案。再比如，调研方案的制订，需要一个详细的分阶段的调研步骤，详细说明每个阶段的任务、工作方法及注意事项等，以便于实施和开展调研。

（三）可行性强

活动方案制订后，应保证顺利进行和推进，需要考虑综合团组织的人力、物力、财力等情况，方案不能过高，内容不能过大，形式不能过难。否则方案制订出来以后，困难度过高会让人丧失信心。

二、方案的内容

活动方案应包括：

（一）名称

（二）主题

主题的设定即简单概括活动特点，为活动制定基调。

（三）意义

（四）内容、方式、步骤

这部分要求非常详尽、具体，要分条目来写。一些注意事项、重要的地方要额外进行说明。

（五）时间、地点、参加人员

这些事先要确定好。

（六）经费预算

活动需要经费，在设计活动时应做好活动经费预算，本着节约原则，达到少花钱、多办事。

（七）所需物资

写明活动所需物品，活动所需文字材料和其他项目。活动中尤其是大型活动需要相应的设备，需提前拉出清单，以备落实。

（八）分工安排

三、方案制订的注意事项

1. 活动方案制订要充分考虑活动主体——团员青年或少先队员的特点。根据对象特点，制定活动的主题、内容、形式等。

2. 活动方案制订时，在时间上不能将活动战线拉得过长，否则活动容易虎头蛇尾。

3. 活动的规模要适中。应视具体活动、具体情况而定。

4. 活动方案应注意体现自身特点。不能单纯模仿类似活动方案或雷同于本单位其他组织、部门的活动，否则很难体现新鲜感。

四、活动方案模板

×××活动方案策划书

一、活动概况

（一）活动背景

（二）活动意义

二、活动主题

三、活动时间

四、活动地点

五、参加人员

六、活动分工

（一）总负责人：×××

（二）宣传：×××

（三）物资：×××

……

七、活动开展

（一）活动准备

1. 宣传

2. 物资准备

（二）活动实施

1. 现场布置

2. 礼仪接待

……

八、应急方案

九、经费

（一）各项费用明细

（二）总计

十、附录

（一）所需物资清单

（二）参加人员名单

（三）活动现场地图

（四）其他事宜

第六步 共青团活动实施

实施环节是共青团活动能否成功的关键。如果实施环节发生问题，前面所有的完美策划都将功亏一篑。当然，前五个环节也是实施环节的基础和准备，只有前五步做好了，活动的实施才有可能成功。

活动的组织实施顺畅与否关键在于组织者的执行力，执行力强的个人或团队能够丝毫不差地将活动方案的内容完美地展现出来，甚至会有更好的发挥。增强执行力的必要操作有四点：一是充分准备，保证各个环节及时到位；二是依据方案严格控制活动的过程；三是高度重视活动的每一个细节；四是及时做好反思和总结工作。

实施环节，我们按时间先后可以分为前期准备和具体实施两个阶段。

一、前期准备阶段

活动的准备是活动开展过程是否顺利的重要环节和基础环节，总体来说，活动的准备包括组织准备、精神准备和物质准备三种形式，在不同的活动中，这三种活动的重要程度并不一样，比如在思想理论类活动的实施中，精神准备就比较重要。而在以植树为主要内容的户外活动中，树苗、工具等物质条件的准备就会显得更重要一些。

（一）组织准备

任何活动都是一个群体性的活动，活动的过程会涉及方方面面的事宜。因此，建立活动的组织机构是开展活动的前提。从广义上说，共青团活动的组织者当然是共青团，但具体活动的组织往往还需要具体到一个专门的团队进行细节的策划和实施。

组织团队的建立主要有两种方式：一是以某一职能部门为活动的组织者，比如说团的城市青年工作部门组织城市青年的创业培训。二是以项目组的形式组织团队。活动的组织往往会涉及多个部门、多家单位，甚至是多个地区，这时项目组的形式往往更适宜活动的组织。项目组是指为了完成某个特定的任务而把一群不同背景、不同技能和来自不同部门的人组织在一起的组织形式。其特点是根据任务的需要，将各种人才集合在一起进行联合攻关，任务完成后，小组基本就可以解散了。这种形式的组织方式往往适应性强，机动灵活，容易接受新观念、新方法。

此外，在共青团活动的组织过程中还要学会借力：一是社会资源的力量，共青团组织活动时应尽力地吸纳活动过程中可能要涉及的单位和其他社会组织，在活动组织机构中吸纳这些单位或其他社会组织的人员，往往能使活动达到事半功倍的效果。二是青年的力量，共青团是青年利益的代表者，其活动的组织也往往是以青年为主体的或直接面向青年的，因此，共青团活动的组织尤其要借助青年的力量，在活动的组织机构中吸纳部分优秀青年，有助于拉近与青年的关系。

一个好的活动组织机构应该具备人员充沛、分工明确、行动高效等特点。在较大的活动过程中还应在组织机构下面分设各个实施小组，例如宣传组、物资组、场地组、联络组、保障组等。

（二）精神准备

活动开展的精神准备主要包含两方面：一是活动的动员；二是活动的宣传。精神准备是活动开展的门面和思想基础。

1. 动员准备

活动的动员准备主要集中在组织者的内部，通过动员激发活动组织者的激情和热情，充分调动活动组织者的积极性，使其上下一心、步调一致地搞好活动，提高活动组织的质量和效率。

2. 宣传准备

开展任何一种类型的活动，都需要在活动开展之前，利用各种传播方式让参加者了解活动的目的和要求、内容和形式、时间和地点、仪式和步骤等情况。当前开展团的活动，主要的宣传手段有以下两大类：

（1）传统媒介。传统的媒介主要有宣传单、海报、黑板报、墙报、条幅等。这些方式或以招贴画为主，或以文字通知为主，或图文并茂，具有直观、醒目、画面吸引人、文字简明扼要的特点。

（2）新兴媒介。新兴的媒介主要有QQ、微博、微信、快手、抖音等，该类宣传手段传播信息快，已被各基层团委广泛采用。其中，随着青年人口流动性的增加及青年对网络电子产品的依赖程度日益提高，这类方式已开始逐渐取代传统的宣传手段，成为共青团活动通知、宣传的主要手段。

无论我们使用哪种宣传手段，都应该注意宣传对象和宣传效果，而且还需培养选拔一批能写会画善讲的人才。伴随着团的各项活动的蓬勃开展，宣传舆论阵地也应是十分活跃的。通过宣传使活动深入人心，通过开展活动也能使我们的宣传工作更贴近共青团的工作实际，更好地发挥它的教育职能。

(三) 物质准备

活动的物质准备，包括开展活动所必需的经费、工具、器材、学习资料、音响设备、场地等条件的准备。

共青团组织的活动经费非常有限，开展活动时所进行的物质准备要从实际出发，绝不能搞形式主义。在经费和物资的准备方面，我们在尽力求得领导的支持的同时，也要走出去，争取社会上其他资源的支持，同时我们也要靠自己的力量，或自己动手，或学会巧花钱，力争少花钱多办事。尤其在准备物资的过程中，要合理安排经费，尽量将经费花在可重复利用的物资的采购上面，同时要做好这一部分物资的维护工作，从而减轻以后活动的经费压力。

组织开展活动，离不开一定的活动空间。场地布置与环境的美化对活动本身具有很强的视觉影响力和穿透力。不同风格的会场会对活动起到不同的作用。一般而言，庄严的会场，会给参会者一种庄重的气氛；花团锦簇、彩灯闪烁的会场，会给参加者一种强烈美好的感受。因此，在组织团的活动时，一定要注意环境因素的作用。当然，环境的美化既包括活动场所内的美化，也包括与活动场所相关或毗邻的建筑物、通道和区域的美化，其目的也在于制造一种整体的氛围。美化的方式可用彩旗、产品广告小旗、花卉造型、悬挂标语、彩灯、彩绸飘带装饰点缀。环境美化的程度一般视活动的规模和影响大小而定。

二、具体实施阶段

(一) 以主题为中心，贯穿始终

主题是活动的主线，在共青团的活动中应贯穿始终，不断强化和突出主题，这样才能使活动达到预期的效果。同时，在活动的过程中，不断地强化主题，以避免活动目标在活动推进过程中发生偏移。

（二）以方案为指南，步步推进

活动的实施就是按照既定的活动方案进行推进的过程，因此，活动的实施必须紧扣活动的方案，在方案的指导下一步一步地推进，加强对活动过程的控制，从而使活动各个阶段的任务能够顺利完成。

第一，活动内容的控制。活动内容的安排要按照轻重缓急的顺序排列，做到有主有次，突出重点，层层推进，圆满地实现方案中确定的每一项内容。

第二，活动过程的把握。活动的过程中，不同的人员对活动的利益和审美有着不同的需求，这就需要我们在活动的过程中做好协调工作，减少、化解矛盾和冲突。此外，由于各种因素的影响，活动的各个环节可能会产生一些变化，比如某一环节的时间比预期的要长，这就需要活动的组织者控制流程，紧凑接下来的各个环节，以实现整体上活动的按部就班、按时按点地完成。

第三，阶段性的总结与调整。正如前面所说，活动的各个环节和流程因为一些突发因素的影响而产生一些变化，因此，在活动的组织实施过程中要不断地对活动进行阶段性的总结，及早地发现问题并适时做出调整，从而保障活动按照既定的目标一步步顺利地向前推进。

（三）依据分工各司其职，有序推进

在活动的组织实施过程中，尤其是比较大型的活动实施过程中，一定要对活动的组织者进行分工，做到分工明确、责任到人。一般活动的组织可以分为组织领导组、物资准备组、现场协调组、安全保障组。其中每个组下面还可以再进一步地细分，比如在演出活动中，现场协调组就可以再进一步地分为灯光组、音响组、场务组、礼仪组等。但分工不分家，而是有组织、有联系、有交叉地分工，只有统一协调的分工，才能保证各项工作齐头并进，有序进行。

（四）抓好活动细节，工作到位

老子曾有言："天下难事，必做于易；天下大事，必做于细。"认真做事只是把事情做对，用心做事才能把事情做好。任何一件事情都是一个一个细节做出来的，而不是喊口号喊出来的，一个好的活动也是如此。在活动的实施过程中，只有做好每一个细节，才能保证活动顺利地开展。做好活动的细节最重要的是具体工作落实到人，而且要确保人有足够的胜任力和责任心。

（五）做好应急预案，保障有力

任何活动的过程中都有有序和不安定因素两种倾向，在看似"有序"的活动中往往充满着各种混乱的可能，比如说户外活动天气的变化、群体活动中参加者之间的摩擦、活动中设备出现故障等，这种潜伏的不可预知或不可控的因素往往会对整个活动系统产生不利的影响，打乱活动的正常进行，甚至会直接导致活动的被迫中止。因此，共青团在组织活动的过程中，一定要做好应急预案，做好突发事件的处理工作。此外，在组织活动时，还要充分考虑参加者的安全问题，比如，在封闭的场所开展活动时，一定要做好防火等安全保障准备；组织大型活动时要做好防踩踏的预案，做好防火、停电、突发疾病的救援等各项准备工作。

第七步　共青团活动总结

凡事当善始善终，不能虎头蛇尾。开展团的各项活动也应注意搞好活动总结，及时总结经验、查找不足、表彰先进、评估效果。对活动进行总结和评估的目的，在于充分展示和肯定成绩和收获，总结、检查存在的问题和不足，表彰先进和优胜，鼓励青年以更大的热情投入到今后的活动中，并取得更好的成绩。总结的方式可以根据活动的内容与形式的特点，灵活运用。

一、总结经验

共青团活动的策划实施在完成其既定的主题目标的同时，还会产生两个积极的效果：第一，锻炼了活动的组织人员。组织成员在经过组织活动的洗礼后，会更加的成熟和稳重，还会积累丰富的经验，为以后的活动准备实力强大的组织领导者。第二，为以后组织类似活动积累了宝贵的经验。活动中各种环节和流程、技巧的实践，让以后的活动可以有所参考和借鉴，尤其是一些好的做法可以在以后的活动中得到创新性发展。

一个活动的结束时刻也是它的生命重新开始的时刻，因此从活动结束的那一刻它就成了案例。它的各种流程、做法和技巧都将成为以后类似活动的一个参考。因此，积累活动中的经验，对于我们共青团组织活动来说，是一项宝贵的财富。

二、查找不足

在活动的策划实施过程中难免会存在一些不足乃至失败的地方，这些不足和失败，我们不能仅仅把它看成是活动的缺憾，更要看成是活动的另一笔宝贵财富，我们必须正视这些失败和不足，从中吸取教训，为今后的活动组织积累经验。

不足和失败只是一个表面现象，我们不能仅仅停留在认识到了、知道了这些不足和失败的浅层面，而是要深入分析和总结背后深层次的原因。例如，座谈会上，参加人员的发言不够积极，这只是一个现象，大家发言不积极的根源是什么，是话题设置得不好，还是部分参加者太过强势，亦或是参加者自身的原因？这就是我们在活动总结的过程中应该认真思考的。如果可能的话，我们不仅要找出症结所在，更要找出解决的办法，避免在今后的活动中出现同样的问题。俗话说"聪明人不会在同一个地方跌倒两次"，就是这个道理。

三、表彰先进

表彰先进是开展各项活动的重要总结方式之一。表彰的目的在于学习先进、激励后进。表彰的方式本身就是一种激励效应。表彰奖励主要有两种方式：一种是物质奖励，一种是精神奖励。表彰用的奖品，一般视活动的规模而定。奖品的购置，应当把物质奖励与精神奖励相结合的原则贯穿进去，并要重视精神奖励。可以表现为情感激励、荣誉激励、物质激励、榜样激励、目标激励等物质与精神相结合的激励方式。

每开展一项活动，都是一次团内青年的感情交流。肯定青年在活动中的良好表现和突出成绩，可以使团的干部和团员、青年的情感联系更加紧密。一张小小的奖状，一个小小的奖品或纪念品，一次活动成果的展示，一次口头的表扬、提名，都会给受表彰者带来极大的鼓舞，进一步激发他们工作的动力，从而更好地投入共青团的活动中。

四、评估效果

（一）评估的形式

评估是对活动方案落实情况的一种总结，也是改善活动质量的一种途径。评估可以分为三种形式：

1. 过程评估。即对活动开展的整个过程的程序进行评价，包括活动准备阶段、实施阶段的评价，如活动中是否有失误环节、人员分工是否恰当、活动参加者的感受等，利用这些资料去评估活动质量。

2. 成果评估。即检验活动是否达到了当初订立的目标，造成现在活动成果的因素，参加者对活动满意度的评价，工作是否有一些额外成果等。

3. 效益评估。主要是对在一定成本下活动的效果和收益的评估，这样可以使以后的活动更有效益。

（二）评估的步骤

1. 明确评估目的和活动目标。评估的形式有很多种，采取哪种评估形式往往取决于评估的目的，以及想解决的是哪种问题，根据不同的情况灵活选择评估形式。活动的评估不能脱离活动方案，评估的目标应与对活动的预期目标相联系，所以也要首先明确活动的预期目标，才能进行有效的评估。

2. 建立评估标准。确定活动目标后，我们应该考虑如何去测评它们，这就需要一个标准或指标。我们把活动目标具体化，成为可以观察和量度的指标，这叫作操作化，操作化的过程帮助我们对活动质量和成果进行有效的测评。很多时候不能靠单一的指标去评估，往往会涉及多个指标。

3. 选择适当的研究策略。为了弄清活动是否有实际效果，通常情况下我们可以运用以下两种经常用的研究策略来加以解释：

（1）运用比较和控制组的方法。即可以将一个参加活动的组别和另一个没有参加活动的组别作比较。例如，可以将参加过职业技能培训的一组人和另外一组没有参加过培训的人作比较，看他们找工作的成功率。

（2）运用时间序列测量的方法。即测量不同时间段活动的成果。例如，将参加培训班前后的状况作比较，看是否有差别。

4. 资料收集及分析。资料收集的方法很多，应根据实际情况灵活选用，比如问卷调查、面谈访问、观察记录、查阅资料等，这些资料收集的方法在社会调研类活动中有介绍，在此不做详细阐述。

最后根据收集的资料进行分析，以评估项目是否达到预期目标，以及出现差距的原因。

第三章 共青团会议类活动策划方法

第一节 共青团会议类活动概述

共青团会议类活动是日常工作中出现频率最高的活动,同时,因其既需要统筹全局又需要着眼细节的特点,最能够展现团干部的组织协调能力,因此,会议类活动的策划与实施技能是团干部的必备技能之一。

一、会议类活动的特点

(一)严肃性

会议是较为正式的一个活动,往往具有严密的组织性,活动的氛围较为严肃。

(二)程序性

会议类活动是一个比较正式和正统的活动模式,有着较为固定的程序。一般的会议在开会之前都会有一个议程安排,不同的阶段会有不同的主题和任务,往往也会有不同的主持人,其程序性较强。

(三)主题鲜明

会议类活动相对于其他活动而言,主题更鲜明,一般都是为了解决一个问题、学习一样东西或通报一件事情。而且通常要求会议结束后这一主题目标必须传达到每一个会议的参加者。

二、会议类活动应注意的问题

（一）会议的主持

会议的主持往往会影响整个会议的运作与实际效果，因此会议的主持十分重要。主持中最重要的是对会议时间和流程的控制。此外，在座谈类的会议中主持人还需要有较强的引导能力、倾听能力和控制能力。

（二）会议的礼仪

主要包括与会者的参会礼仪和会务工作人员的礼仪。

（三）突发事件的应对

要以先解决问题，再追查原因为原则。可成立会议应急管理小组，并提前制定会议突发事件应急预案，积极进行事前的预见性、预防性安排。

三、会议纪要的撰写

在一些会议中，尤其是报告会、座谈会和研讨会中，要通过会议纪要的形式记录会议的流程、达到的共识等重要信息。

（一）会议纪要的概念

会议纪要是会议中会议决议的简要记录，是记载和传达会议情况和议定事项使用的一种行政公文。

（二）会议纪要的特点

1. 内容的纪实性。会议纪要要如实地反映会议内容，它不能离开会议实际搞再创作，不能搞人为的拔高、深化和填平补齐。否则，就会失去其内容的客观真实性，违反纪实的要求。

2. 表达的要点性。会议纪要是依据会议情况综合而成的。撰写

第三章 共青团会议类活动策划方法

会议纪要应围绕会议主旨及主要成果来整理、提炼和概括。重点应放在介绍会议成果上，而不是叙述会议的过程，切忌流水账。

3. 称谓的特殊性。会议纪要一般采用第三人称。由于会议纪要反映的是与会人员的集体意志和意向，常以"会议"作为表述主体，"会议认为""会议指出""会议决定""会议要求""会议号召"等就是称谓特殊性的表现。

（三）会议纪要的写法

就总体而言，会议纪要一般由标题、正文、落款、日期构成，下面主要讲标题和正文的写法：

1. 标题。会议纪要的标题有单标题和双标题两种形式。

（1）单标题由"会议名称+文种"构成。

（2）双标题由"正标题+副标题"构成。正标题揭示会议主旨，副标题标示会议名称和文种。

2. 正文。会议纪要的正文大多由导言和主体构成。具体写法依据会议内容和类型而定。

（1）导言。主要用于概述会议的基本情况。其内容一般包括会议名称、会期会址、参加人员、主持人和会议议程等。

具体写法常见的有两种：一种是平列式。将会议的时间、地点、参加人员和主持人、会议议程等基本情况采用分条列出的写法。这种写法多见于办公会议纪要。另一种是鱼贯式。将会议的基本情况作为一段概述，使人看后对会议有个大致了解。

（2）主体。这是会议纪要的核心部分。主要介绍会议议定事项，常见的写法有三种：

①条文式写法。就是把会议议定的事项分点写出来。办公会议纪要、工作会议纪要多用这种写法。

②综述式写法。就是将会议所讨论、研究的问题综合成若干部分，每个部分谈一方面的内容。较复杂的工作会议或经验交流会议

纪要多用这种写法。

③摘记式写法。就是把与会人员的发言要点记录下来。一般在记录发言人首次发言时，在其姓名后用括号注明发言人所在的单位和职务。为了便于把握发言内容，有时根据会议议题，在发言人前面冠以小标题，在小标题下写发言人的名字。一些重要的座谈会纪要常用这种写法。

（四）撰写会议纪要的几点建议

1. 根据会议议程表制定会议纪要大纲，提前根据议程表制定大纲，并预留足够空间做笔记。当一个议题记录完毕，你可以迅速调至下一个新议题。

2. 在会议前向每位小组成员分发会议议程表，使每位成员都能对会议有所准备。

3. 采用固定的格式。

4. 会议纪要应尽量简短扼要，不要过于烦琐，如果你想记录会议中的每句话，你可以考虑对会议录音，并在会后使你的会议纪要更详尽。

5. 为了确保能准确记录各位与会者的发言，应事先编写一份座位表并请不熟悉的与会者做自我介绍。

6. 应在会后尽快编写会议纪要。在将会议纪要分发给每位成员前，确保会议负责人已批阅。

第二节　共青团会议类活动策划七步法

第一步　创意

共青团工作面向青年、服务青年，其工作内容既承接党组织的要求又对接青年，往往具有明确的会议宗旨和任务。其创意的来源主要有以下几方面：

（一）会议的任务

共青团会议类活动的任务不应单纯是实现政治目的，而应本着与时俱进、开拓创新的精神，将活动的策划与实施纳入时代发展、青年需求的轨道。因共青团组织的特殊性质，政治性要求高，而其工作对象的多样化和时代性，又对工作的形式和方法提出了新要求。会议类活动的组织明确会议任务是基础，此外，使会议类活动方式新颖、内容丰富是组织好此类活动的重要保证。

（二）青年新热点与新需求

俗话说，知己知彼，百战百胜。这句话也可以作为共青团活动的指导，了解服务对象的热点和需求才能够更好地满足青年要求、推动青年工作。活动创意应立足青年具体的生活特点，从当下的青年生活中提炼点滴的灵感，结合会议宗旨，打破固有模式，升华出会议新创意。每个时期的青年群体都有特定的热点和时下流行的元素，将其融入会议类活动策划中，将会成为活动的亮点和出彩点，吸引青年人眼球，并推动工作创新。如某共青团组织在假期定期召开部门主管级以上的网络会议，针对假期期间的工作进行及时有效的讨论和沟通，既集中解决问题保证工作进度，同时又采用了青年喜闻乐见又得心应手的方式，收到了良好的效果。

（三）社会热点与时代需求

准确提出共青团活动的创意，还要把重点建立在对党和国家的工作及要求的准确领会及对社会热点、时代需求的充分把握上。尤其体现在座谈会、专家研讨会、培训性会议以及茶话会等会议的组织策划上，这类会议的主题、内容的创意就需要及时有效地把握时代热点与时代需求，能与社会和时代相呼应，才能充分利用现有资源，积极发挥会议类活动的作用，更好地将工作做到准确有力、切实有用，形成与青年良好互动的良性循环，而不仅是停留在走过场式的程式化会议。

第二步 主题

共青团会议类活动的主题可以为经验交流、成长成才、活动纪念、思想教育、工作安排和总结、培训等。

主题的确立主要是根据活动的宗旨和目的，在对党政方针、团工作需求、青年和社会热点的把握的基础上，确立会议类活动的主题。主题可以说直接决定了活动的基本纲领和初步框架，在整体活动效果的显现中发挥着不可或缺的作用。同时，会议主题要明确、要契合工作需求，力争准确真实，不夸大其词，也不"挂羊头卖狗肉"，不走形式主义和本本主义的路，不好大喜功、不做表面功夫，力争将会议主题落到实处。

第三步 内容

共青团会议类活动的内容确立应紧紧围绕主题来进行，需要确立的内容应包括以下几方面：

（一）议事议程

议事议程是会议顺序的总体安排，是会议类活动首先需要确定的内容，这是会议的基本构思和大体纲领的体现，也是各位参会人员对会议进行整体把握的依据。议程的基本原则是先紧要后次要，并注意时间的标示。议事议程有助于参会人员合理安排各自的时间和精力，同时也是提升会议效率、加强会议规范化的途径。议事议程的安排需要考虑会议主题、会议形式、参会人员、场地时间限制等因素，需要全方位地思考和衡量。

（二）会议基本信息

在确定最终参会人员之前需要发布会议基本信息，包括会议主题、主要内容、会议形式、会议流程、发言人员、会议时间地点等需要提前告知参会人员的各种信息。会议基本信息内容细碎，需要准确有效地收集和整理信息，并在会议的宣传阶段予以公布，以确定最终参会人员并保证人员的到会和会议的有效性。

（三）参会材料

根据会议议题安排会议所需的基本材料，于会前放置于会议桌上供参会人员熟悉议题并作为自己的参考，这能够有效地提高会议效率和会议质量，保证参会人员对基本情况的了解，同时也体现了会议的周密性和正式性，避免出现混乱和争论不明等状况，节省会议时间。

第四步　形式

常见的共青团需要组织的会议形式主要有以下几种：

（一）报告会（包括表彰大会等）

报告会是利用专门集会所提供的讲台和场所来宣读和书面交流研究的一种会议形式。报告会比较正式，一般多用于工作汇报或学习交流。报告会对人数的限制少，可适应大批量人数的会议，报告会相对程式化和规范化，与会者以听为主要活动，淡化讨论、交流等互动行为。

（二）座谈会（包括茶话会等）

座谈会是由训练有素的主持人以非结构化的自然方式对一小群对象进行的交流与访谈。座谈式的会议往往氛围比较轻松，大家围绕一个主题在主持人的引导下进行比较自由的讨论。往往比较适合诸如讨论青年成长的一些问题、学习交流某一文件的精神这样的主题。座谈会的人数不宜过多，一般以不超过20人为宜。主持人的作用特别重要。一个优秀的座谈会主持人可以点石成金，一个操控力不够的主持人会把座谈会变成聊天会。优秀的主持人应具有较好的互动亲和能力、会议过程控制能力和提问与倾听能力。

(三) 研讨会

研讨会是专门针对某一行业领域或某一具体讨论主题在集中场地进行研究、讨论交流的会议。它对于制定政策、发展战略、方法措施都有巨大作用。研讨会具有一定的专业性，针对面相对狭窄，参与的人数一般较少，会议规模较小。同时，为满足不同观点发言人的发言需求，研讨会具有明显的时间分段。研讨会根据会议目的和参加对象的不同而有所区别，通常有专家研讨会、行业研讨会、网上研讨会等多种形式，形式重在创新，但研讨会"专、精、小"的特点不能抹杀。

(四) 讲座

讲座是由讲师不定期地向学生讲授与学科有关的科学趣闻或新的发展，以扩大他们知识面的一种教学活动形式。或是由主讲人向学员传授某方面的知识、技巧，或改善某种能力、心态的一种公开或半公开的学习形式。共青团会议类活动之讲座一般指后者。讲座对人数的限制少，一般50人～200人不限，讲座所需成本相对较高，因此人数不宜过少。

(五) 培训性会议

培训性会议顾名思义是为培训技能或深化认识而进行的，是培训师对学员的培训会议。实践性培训会的人数不宜过多，涉及实地操作和演示，人数多则无法达到效果，集中式小班培训为最佳。理论性培训会对人数限制不大，但需要一定设备如大屏幕、音响、话筒等电子设备。

(六) 工作性会议（包括团代会等）

工作性会议最为正式，程式化程度高，具有既定的模式和框架，在程序、内容上都有方法可遵循，其参会人员、会议议题、会议流程、会议内容等均有一定的规定，开展工作性会议应注重经验的学习，积极主动与领导进行汇报和交流，及时疏通各类症结，此类会议重在把握模式，在循规蹈矩中求创新。

第五步　方案

方案内容包括活动名称、活动主题、活动意义、内容、步骤等。

制订方案需要注意的问题：

（1）会议概述。主要介绍会议召开的缘由、任务、意义、作用和影响，重点说明会议的必要性和可行性。

（2）会议形式。主要介绍会议的召开、议事、形成决议的方式，是根据会议宗旨和目的而决定，具有一定灵活性和可创造性。

（3）会议日程安排。指会议类活动每天的具体安排，主要针对时间为一天以上的会议。为与会者介绍会议召开的时间、流程及日程安排，以便于与会者合理安排各自的时间和精力，保证会议有序、有效地进行。

（4）经费来源及预算。包括会议类活动的主要开支、经费构成以及筹措方式。资金是会议类活动的基本物质保证，应注重合理地进行预算、积极地筹措资金，以保证活动的顺利进行。

（5）所需物资以会议资料为主。

（6）分工安排。注重会议服务人员的安排。

第六步　实施

（一）会议类活动一般流程

确定会议主题→安排议事议程→确定参会人选→安排会议场所→发布会议信息→准备参会材料→主持会议→形成决议→整理会

议记录→审批→下发会议纪要→信息存档并执行

（二）会议类活动均可分为三个阶段，即准备阶段、进行阶段和结束阶段

1. 准备阶段

（1）明确会议主题或活动宗旨，做到心里有数。

（2）确定会议时间、地点、参加的部门和人员，以口头或文件形式通知到人，通知和收到反馈二者并重。

（3）做好会议预算工作并报上级审批。预算时应注意几点：一是会议期间的住宿用餐标准；二是晚会预算要把握好人数、购买水果和礼品的价格；三是旅游则要了解车费及食宿、参观景点的基本费用。

（4）准备好会议类活动需要的材料及物品，布置好会场，材料包括接待处与会人员基本信息和签到表、讲演稿、会议日程安排表、铅笔和纸张、横幅等。会场的布置包括会标、主席台座次、悬挂横幅等细节，给与会代表的资料最好提前摆放在桌子的相应位置。

（5）如有需要可对演讲稿进行审核，特别是全体大会和年会。选择发言人时一般须结合部门主管的推荐和会议主题，提前与发言人进行沟通和协调。

（6）安排好与会人员的住宿和用餐地点。

（7）如果是大型会议则通常需要成立临时会议机构。常见的会议机构包括秘书组、材料组、组织组、技术组、宣传组、后勤组、保卫组等，各司其职、各负其责。

（8）在大型会议中，为了让与会人员了解会议议程，将会议议程打印成会议议程表，并将其住宿的房间及联系电话整理成册，发放至个人手中，密切大家相互之间的联系，方便大家进行交流和学习。

2. 进行阶段

（1）请电视台、报社的记者做好会议的新闻报道工作。（不宜对外报道的会议则不用准备）

（2）做好会议后勤服务工作。包括会议接待、会议签到、礼仪人员准备，也包括话筒、音响、灯光、空调等现场调试工作，以及准备发放的奖品提前摆置等。

3. 结束阶段

（1）文件清退。会议结束后对一些内部文件、机密文件、重要文件进行及时清退和回收。针对文件清退应注意在发放文件时应附上"文件清退单"或"文件清退目录"，要求与会人员在文件使用完毕后进行及时清退。机密文件在会议结束前进行收回，不可让与会者带出会场。对于会后限期收回的文件材料，分别将目录提前发给与会者，督促其按照发文登记和文件编号逐人逐组进行清退，限期退还，可辅助以必要的制度规定来帮助完成此项工作。

（2）将会议讨论结果总结成文，报领导审核，同时做好会议简报、会议纪要和会议记录的存档工作。

（3）及时有效地召开工作人员总结会议。对活动过程中出现的问题和意外情况进行总结归纳，同时对过程中出现的代表性优秀工作人员和工作方法进行表扬和鼓励。

第七步　总结

对会议类活动进行评估和总结，有利于检查会议目标的实现情况，收集并确定与会者的满意程度，明确会议的成功与不足之处，并为会议总结报告的编写准备材料。会议总结以与会者、会议代表、参展商等为主角，充分收集整理各方意见和建议。

会议总结的方法包括调查问卷（现场填写、会后填写）、会后面谈、电话调查、现场观察和工作人员述职报告。汇合信息对会前效果和会后效果进行总结和评估。

　　一次成功的会议类活动的举办，对举办方全局把握能力和细节安排能力具有很高的要求，细心认真的举办者会在一次活动过程中获得许多有益的心得和体会。有时，一次好的总结和反思胜过十次的单纯经历，所谓经验和经历的不同就在于思考和反思的力度和深度，及时进行总结是提升工作素质的有效途径。

共青团评选类活动策划方法

第一节 共青团评选类活动概述

评选类活动重在评比和推选具有代表性的个人或组织，是以表彰和树立模范为目的而进行的选拔活动。

一、评选类活动的特点

第一，以公正、公平、公开为原则。评选类活动涉及评优选先，具有一定的竞争性，因此需要民主、平等的评选标准和明确的准则，所有这些都必须建立在公正、公平、公开的原则上，只有这样，才能评选出真正服人心、树先锋的优秀个人或组织，才能真正发挥评选活动的激励作用和推动效果。

第二，有明确的评选标准。评选标准不仅为评选活动提供了具体依据，使评选结果真实可靠，同时也为落选的个人或组织提供努力方向，因此，评选标准的制定需谨慎切实，并具有一定的引导性和启发性。

第三，充分考虑群众意见。评选类活动的最终目的是为个人和组织树立榜样，激励其不懈努力，群众意见是最广泛最实际的声音，只有尊重并积极听取群众意愿，才能有依有据地评选出名副其实的先进，并起到调动群众积极性的作用，更好地发挥评选结果的作用和影响力。

第四，严格的程序。评选活动对程序的要求是自内而外的。程序性表现了评选的正规性和正式性，是评选类活动的内在要求。评选类活动首要是有理有据，这在一定程度上就表现为对程序的要求，制定规范的流程并依次落实是评选类活动的必然要求。

二、组织评选类活动应注意的问题

第一，考核机制的设立。这是评选类活动的核心所在，评选的结果和效果都直接取决于考核机制的合理性和严密性。

第二，评选过程的透明性。透明地评选不仅督促组织方公正地开展工作，同时也增强了评选结果的说服力，使得群众对结果更认可。因此，透明性是对组织者、参评者和群众三方的尊重和保护，也是评选类活动发展的大势所趋。

第三，正确对待民意和质疑。评选过程中的民意活动，组织者应该持以积极的态度进行应对，及时听取群众意见并进行妥善考虑，切不可一叶障目、刚愎自用。同时，对于工作过程或结果的质疑，不可消极回避或强行屏蔽，主动地回应质疑、解决质疑才是解决问题的态度，否则容易将问题越抹越黑，以致产生冲突矛盾，远离了初衷。

第二节　共青团评选类活动策划七步法

第一步　创意

共青团评选类活动创意的来源主要有以下几方面：

（一）关注青年热点

关注青年热点是为共青团工作添活力、添动力的途径之一。

第四章 共青团评选类活动策划方法

通过对青年热点的关注有利于活动创意的创新，提升活动质量，彰显共青团工作鲜活的生命力，迎合广大青年，调动青年参与热情，实现活动目的的最大化。如高校团委举办"校园之星"评比大赛，旨在选出校园有特殊才艺的在校学生，这就借鉴了时下流行的"星"热，既鼓舞青年人发挥自身特长，积极展现自我，也丰富了校园生活，吸引青年学生广泛参与，为团委工作增添活力和推动力。

(二) 从实际出发，关注工作需要

在设立评选项目时，应紧扣工作的实际技能或品质的需要，有利于切实地为工作服务，实现举办活动目标。如钢铁企业评选"节能小发明"能手，建立在企业资源消耗大、急需开源节流的背景之下，企业希望一线的生产人员能在丰富的工作经验中进行总结和创新，为企业节流建言献策，因此推出此项评比项目来调动员工创新动脑的积极性，是从实际出发，紧紧契合工作实际需要的表现。

第二步 主题

评选类活动的主题有成长成才、活动纪念、促进生产。

共青团评选类活动致力于选出各领域的代表性个人或组织，以达到成长成才、促进生产或活动纪念的目的。成长成才是青年人特殊年龄段的特殊要求，且占据重要位置，需要得到积极的关注和正确的引导，共青团评选类活动通过设置与成长成才相关的评比名目，在活动中激励青年、启发青年，指导和鼓舞青年更好更快地成长成才。同时，活动纪念也是评选类活动的主题之一，设置与需要纪念的特殊日子或时间相关的评选名目，竞争性和表彰性不一定很强，增加一定趣味性，对活动的纪念有丰富作用。促进生产是评选类活动的不老主题，通过"青年岗位能手""操作能手""劳动模范"等项目的评选，直接促进了生产发展。

第三步 内容

共青团评选类活动的内容确立应紧紧围绕主题来进行,需要确立的内容有以下几方面:

(一) 评选项目

确立评选项目是评选活动的第一步,对评选目的进行分析和考察,获得确立项目的初步方向,再根据具体实际情况、结合创新思路和创意成果,最终确立评选项目。如"校园之星""岗位红人"等,均是花费心思考虑的结果,在项目公布之初便受到青年人的青睐和关注,推动了评选工作的进展。

(二) 考核机制

考核机制的设立应充分考虑各方面的影响因素,力争覆盖到评选项目所涉及的各方面,同时应积极吸纳最广泛人群的意见和建议。考核机制应与时俱进,根据具体情况的变化进行调整,以适应最新的要求,切忌本本主义和教条主义。

(三) 评选程序

程序性强是评选活动的特点之一,制定合情合理的评选程序是评选类活动能够有序进行的必要保证。评选程序的基本要素是候选人推报、正式候选人确定、投票选举或民主评议、确认人选、公示、最终确定。不同的评选项目根据具体情况的不同对程序有不同的要求,这一点可根据具体需要进行调整和增删,但程序的严密性、透明性、公正性是基本要求。

第四步 形式

(一) 优秀团组织评选

优秀团组织评选是针对共青团组织进行的创新争优评选活动,

通过评选确立典型、树立榜样。全国各级团组织均有此项评选活动，活动大多由上而下进行考核和评比，针对一定的时间段（通常是一年）的工作表现进行评选，是比较正式的评选活动。

（二）优秀团员评选

优秀团员评选是共青团评选活动中针对个人进行创优争先选拔的最普遍评选形式。此评选涉及各个领域的青年人，具有一定的广泛性和普遍性。

（三）杰出青年评选

杰出青年指在某一领域内卓有建树、成绩显著的青年才俊。对杰出青年的评选有利于调动最广大青年的积极性，表彰优秀、肯定优秀。如一些省份有"十佳青年"评选等活动，此类活动的评选依据良莠不齐，有待进一步完善，但活动形式和内容的创新是不变的主题。

（四）其他评选

评选类活动多种多样，重在创新。如"共青团岗位年度匠人""青年创业就业领头人""青年岗位能手""共青团干部魅力大使""共青团活力团支部""共青团工作方法首创奖""自强之星"等各种各样有创意的评选活动。共青团立足活动目的和宗旨，结合具体工作需求，积极进行创新，组织各种有意义的评选类活动。

第五步　方案

1. 方案内容一般包括活动名称、活动主题、活动意义、时间、地点、内容、步骤等。

2. 评选类活动在步骤这一环节中重点注意以下几个问题：

（1）注明受评时间段的具体起止时间。

（2）每个环节都应注意其公开性和透明度，设立投诉电话或邮箱。

(3) 详细注明评选规则和评选项目。

(4) 公示评选结果时注意阐述清楚原因和依据。

(5) 确立奖励办法。

(6) 参加人员：活动组织者，规定条件范围内的所有参评人员、公示对象、相关领导。

(7) 经费预算：经费一般只限后期表彰时的花费，比较零碎，需要详细列出各项目和总计。

(8) 分工安排：每一个环节或部分都应设立专门的负责人，以保证各环节的顺利实施，责任到人、各有分工。

第六步　实施

1. 准备阶段

制定并严格执行参评条件，划定参评对象范围是评选类活动的第一步。

注重公示考核机制和评选程序。考核机制和评选程序是整个评选活动的焦点，也是活动得以顺利进行的保证，应该重视其制定和公示，并积极听取反馈意见及时进行修改，切忌一意孤行造成后续工作难以推进。

2. 实施阶段

评选类活动实施过程应包括以下几个阶段：

(1) 候选人推报阶段。有他荐和自荐两种方式，本阶段要秉承公平、公正原则，严格遵守评选项目的参评条件和考核标准进行筛选，将自上而下和自下而上的推选相结合，与群众形成良好互动，打下互相信任、互相支持的基础。在候选人推报结束后进行候选人公示，积极了解民意，保证后续工作有序进展。

(2) 正式候选人确定阶段。对推报的候选人进行基本条件的考核和衡量，判断其是否具备参选条件，同时，根据推报候选人的公示结果，结合领导部门的意愿和群众的反馈进行正式候选人的确定工作。

（3）投票选举或民主评议阶段。正式候选人确定之后进入选举阶段，这一阶段务必保证工作的严密性和程序的正规性。本着公开、透明的原则，及时对外公布各评选环节的结果，将评议会的会议记录公开，并注意保存投票的票根以备日后查阅和接受监督。本阶段要严格按照考核标准进行评比，做好群众动员工作。

活动组织者确立初评名单。根据上一阶段的结果，按照各部分评选结果所占的比例进行分数核算，确立初评结果的名单。

（4）公示阶段。此时的公示尤为重要，切忌走形式，防止引起不满或使整个活动失去民心而丧失意义。组织者要表明意见反馈电话或邮箱并积极应对质疑，及时回应各种声音。但组织者必须注意维护参选人的人格尊严，保护参选人的私人秘密，这需要组织者对各种声音有基本的判断和公正公平的核实，尊重并捍卫真相，避免造谣、诬陷等恶性事件的发生。

（5）正式确认人选。经过公示阶段后，整理各种声音，对需要解决的质疑等做出积极的回应，之后方可确立正式人选，不可徇私舞弊。

3. 表彰阶段

总结并表彰是体现活动意义的阶段，在组织有声有色且具有一定规模的活动上，表彰优秀、树立榜样，分享获选人的心得，交流优秀的成长经验，这是整个评选活动的结束，也是充分发挥活动影响力，为群众指明努力方向的重要环节。

第七步　总结

共青团评选类活动可以将工作总结和表彰结合起来，在表彰的同时树立榜样，号召大家向榜样学习，明确努力的方向。此类活动的创新点在活动主题的确立上，但同时此类活动对过程严密性和民主性要求高，容易出现问题，需要相对完善的制度保障，因此在制度和规则上应多留心。

第五章 共青团社区活动策划方法

第一节 共青团社区活动概述

社区对青少年的成长及发展有着重要影响，古代"孟母三迁"的故事，正说明社区对人尤其是青少年群体的影响不可忽视。社区的主体是居民，其中青少年是最具活力和参与精神的群体，社区也日益成为青年集中流向的重要领域。社区青年群体包括初高中毕业生、从事个体私营经济的青年、外来务工青年、三失青年（失学、失业、失管）等。他们生产生活在社区，文化娱乐在社区，满足社区青年的需求，是社区建设的一个重要方面。共青团作为先进青年的群众组织，做好社区共青团工作能促进社会进步，更好地服务青少年成长成才。开展社区共青团活动也成了共青团活动的必要形式。

共青团可以开展的社区活动主要分以下几种：

1. 根据青少年身心特点开展各类活动。从实际出发，寓教于乐，积极配合团组织加强对青少年的教育。如思想道德建设、安全意识、法律意识等方面的教育。

2. 因地制宜丰富青少年的精神文化生活。如娱乐竞技、参观类活动、公益活动等。

3. 运用专业知识更好地满足青少年多样化的需求。如为青少年开展心理咨询和就学就业指导，充分挖掘和拓展社会资源，全方位为社区青少年服务。会同有关方面一起通过各种渠道努力维护青少年的合法权益。

第二节　共青团社区活动策划七步法

第一步　创意

在设计社区活动时，创意来源除了服务党团工作安排外，一个重要的方面就是认识和分析社区，只有尽可能多地去了解社区，才可能使社区活动吸引青少年，服务好青少年。了解社区是一项基础性、系统性的工作，包括收集有关社区的各种资料、了解社区及青少年的需求、了解社区拥有的资源等，在此基础上拟订活动方案，实施计划。

首先，了解社区基本情况。对社区基本情况的分析包括了解社区的历史，社区的自然环境和设施，社区居民的情况，社区内政府组织、非政府组织等。不同社区对于青少年的影响是不同的，青少年在社区里面临的问题以及解决问题的方式也会有很大的不同。

其次，了解社区青少年面对的问题及需求。开展社区活动时，首先要调查了解本社区青少年社区所面临的主要问题。一般来说，青少年社区的问题是多方面的，如有贫困户子女、病残青少年、孤儿等的基本生存问题；有青少年面临家庭暴力摧残、权利受到侵害的问题；有社区文化环境对青少年发展的不良影响问题；有社区内青少年文化、学习、娱乐需求得不到满足的问题等，了解这些问题不仅可以帮助我们确定开展社区活动的主要目标，也有助于我们更全面地运用社区资源，协调综合地解决社区问题。

最后，分析社区可运用的资源。社区资源包括人力资源，如社区领导、志愿者、专家学者、专业人士等；物力资源，如各种设施；财力资源，如各种来源的资金；人文资源，社区共同的、具有自己特色的社区生活方式、社区文化和社区意识，即社区居民在长期的共同生活中积淀而成的、并为广大社区居民所共享的那些价值观念、民风民俗、行为规范和准则等；社区组织，在社区里活跃的多种小型组织往往对青少年形成直接的、经常性的影响。

第二步　主题

社区活动的主题、内容和形式设计要紧贴社区青少年的发展需求，立足社区实际，开展丰富多彩的社区活动。

社区活动的主题是活动的指导思想、宗旨、目的要求等最凝练的概括与表述，字数不宜太多，要简而精。好的活动主题能够体现青少年特点，反映青少年需求，激发青少年参与到活动中来的兴趣，而且在活动结束后仍影响深远。

第三步　内容

社区活动的内容主要包括：

1. 社区文化活动。可以开展竞技比赛、讲座、节日联欢活动、参观、志愿服务、读书书评、街拍等活动，满足青年的精神文化需求。

2. 教育培训活动。可以开展思想教育、法律意识、安全意识等教育活动，有组织地对社区内青年和外来务工青年开展职业技能培训，使得青年掌握一技之长，适应社会发展。

3. 家庭综合服务。通过社区家庭调查，对有特殊困难的家庭，如三失青年、残障青年等开展服务活动。

4. 法律咨询服务。开展普法教育，为青少年提供升学、就业、婚姻等方面的法律咨询和权益保护。同时，有重点地对社区内失足青少年开展法律宣传和教育，实施帮教服务。

5. 社区中介服务。广泛利用社区内外的人力资源,如大学生、教师、律师、医护人员、电器维修师、心理咨询师等,在社区开展医疗保健、义诊、家庭教育、心理咨询、电器维修等活动,开展职业介绍、婚姻介绍等中介服务。

6. 社区共建活动。联合有关管理机构和社区组织,参与到社区管理和社区服务中来。如在社区开展共建"青年文明小区""文明街道"等活动,在单位之间开展争创"青年文明号"活动,在家庭中开展争创"青年文明户"活动,拓宽团组织参与社区的领域,扩大团组织在社区建设中的影响力。

第四步　形式

对于社区活动开展的形式,针对社区共青团活动,在这里介绍社区工作介入的几种模式供借鉴。

(一)　地区发展

地区发展模式重在促进居民的广泛参与,通过居民的参与来厘定居民自身的需要和解决问题的办法。因此地区发展模式将"民主程序、自愿合作、自我帮助"的社区介入理念贯穿于组织活动中,一方面改变现代社区中人与人彼此孤立、缺乏交流,极不利于青少年成长的大环境;另一方面,青少年在参与改善社区环境的活动中起到先锋带头作用,极大地提升了他们的社区归属感和个人成就感。

地区发展模式中的工作策略:

1. 文体活动。通过组织一系列社区活动,如文艺演出、书画比赛、体育竞技等,让青少年在这些活动中相互熟悉、交往、沟通,并让部分有积极性的青少年承担一些任务,或参与活动的策划或管理,以增强青少年处理事务的能力和责任感;在活动结束后,和青少年共同分享活动中的收获,用成功的合作经验鼓励青少年持续参与，并增强他们的自信心。

2. 公共集会和公益活动。在社区中可以多搞一些符合当地风俗习惯、大家愿意参加的公共集会和公益活动，作为联系广大居民的方法，注意激发青少年参与的积极性。公共集会包括主题演讲、社区风俗展览、放电影、演当地的戏剧、DV剧等；公益活动包括公共卫生、公共健康、敬老活动、社区环境保护等。通过这些活动增强青少年对社区的关注和归属感，在活动中实现自我价值。

3. 建立社区组织。社区组织是地区发展模式的一种重要的工作方法，引导青少年成立兴趣小组或其他互助小组，注意组织中骨干的发掘和培养。青年人观察力强，好奇心强，求知欲强，这使得青年人对于新鲜事物的把握特别快，他们兴趣爱好广泛，还需要多渠道了解其兴趣爱好。不仅要在工作中尽可能多地接近青年，了解和知道他们的爱好，还要经常性地关注青年在业余时间喜欢干什么，更趋向于什么样式的娱乐方式，并能从中发现现在青年中流行的新爱好。还可以上网关注青年喜欢上的一些网站、沟通方式、喜欢的电影和电视剧、短视频等。也可以采取问卷调查的方式，了解青年的兴趣爱好、喜欢的活动方式和内容等，这样可以最直接地找到青年的兴趣点。

（二）社会策划

社会策划模式强调以一个技术的过程去解决社区问题或者满足社区居民的需要。这个模式假设社区问题的解决或者社区居民需要的满足是一个十分复杂的系统，依靠专家的意见和知识，通过理性、客观和系统化的分析，处理社区的问题，满足居民需求。

例如，某街道有一批青少年初中毕业后没有机会立即升学，也没有就业机会，待在家中自我封闭，久而久之，与社会联系越来越少，人际交往能力和社会参与能力越来越弱。这些问题引起了街道团工委的注意，街道团工委联合有关部门一起成立了青少年工作委员会，委托某大学社会工作系做了青少年需求和社区资源调查。在整合了各方面的调查研究数据后，制订了青少年社区服务计划，经过调查、研讨、专家评估论证，方案得以实施。这个例子就是社会策划的模式，依靠专家的意见和知识，策划社区服务项目，处理社区问题，满足居民需求。

(三) 社区教育

社区教育从解决问题的角度可以分为四种，一是家庭生活教育，主要是预防家庭解体及相关的社会问题，为青少年成长提供一个良好的家庭氛围；二是公民教育，目的是让公民能够有效地参与社会、经济、政治的生活而做好准备，尤其是为青少年去了解、接纳及解决社会问题做好准备；三是成人教育，主要以因各种原因失学或未能接受正规教育的人士为对象，为他们提供教育机会；四是健康教育，主要向居民提供健康和预防疾病的知识。

社区工作的模式有很多种，不同的模式有不同的目标、策略，在不同的社区情况下有不同的适应性，可以一种或多种模式综合运用，借助大量的活动开展实施。团组织可以借鉴社区工作模式的理念目标、工作策略，拓宽社区活动思路。

第五步　方案

社区活动方案的提出可以从以下九个要素考虑（6W+2H+1I）。

1. Why：代表方案的目的和目标

2. What：服务内容

3. When：时间、日期、期限

4. Where：地点

5. Who：工作人员（包括志愿者）

6. Whom：接受服务的对象

7. How：工作技术、方法、知识

8. How much：财源和预算

9. If…then：应变方案，即如果发生临时状况，应该怎么办

第六步 实施

（一）准备阶段

1. 调查研究。包括社区分析、青少年问题及需求分析、社区资源分析。

2. 建立关系。专业关系的建立是社会工作专业的特点，青少年社区工作建立专业关系的对象首先有青少年社区，同时还有与这些青少年有关的社区居民、社区机构和团体等。在社区工作中与工作对象建立专业关系可以通过开展青少年社区活动和家庭服务活动，探访社区重要人物和社区各种组织等方法，也可以通过几个社区的联合活动进行大的社会性行动等方式。在这种联系与交往中，促成双方的了解和认识，获得相互的支持。

3. 宣传动员。社区宣传动员的方法很多，比如印制宣传资料，张贴或发到居民手中；可以发动社区党员、居民代表、志愿者等进行宣传；可以利用黑板报、宣传栏、标语、横幅、小区广播、有限电视等方式进行宣传；还可以利用社区网站、微信公众号、抖音、快手等新兴媒介宣传；还有组织专题宣传月、宣传周及邀请活动，扩大社区的影响。

（二）实施阶段

社区活动实施过程中应注意以下几方面：

1. 动员包括青少年在内的社区居民。社区活动要发动青少年参与就需要调动青少年的积极性。青少年兴趣多样而且强烈，对社会文化的需求多样化。要让他们积极参与社区活动，就要寓教育于趣味性的活动当中，举行多种趣味性的活动才能满足青少年身心发展的要求。

2. 调动、争取资源。社区活动离不开争取资源的过程，青少年活动更是特别需要对于社会资源及社区内资源的争取调动。这种资源是多方面的，如政策资源，即通过争取政策支持服务青少年；人力资源，即调动社会各界力量参与服务青少年；物质资源，即发动各方面的社会力量，对青少年社区工作给予物质支援；信息资源，即为青少年成长提供尽可能多的有益资讯，促进青少年健康成长；等等。

第七步　总结

活动的评估总结可以分三种：

一是过程评估。目的在于评价活动质量，主要涉及对有关活动程序提供一个基本的描述，检讨服务活动开展的优劣及人员工作分配是否合理等。

二是成果评估。主要检验活动的成果是否符合之前设立的目标。评估的内容包括具体工作的直接成绩，对于社区整体青少年发展状况的影响以及对社区其他方面的影响等。

三是效益评估。即在一定的成本下提供的服务效果怎么样，使活动开展得更有成效。

第六章 共青团社会调研类活动策划方法

第一节 共青团社会调研类活动概述

一、社会调研类活动的概念

共青团社会调研活动，是指团组织应用科学的方法，对共青团工作、青年工作及其相关工作情况进行考察，系统地收集并分析资料来了解情况，从而提出解决对策的活动。调研工作是共青团工作决策的基础和依据，在团的全局工作中具有十分重要的地位和作用。

二、社会调研类活动的特点

1. 社会性

社会调研是对社会的某一现象所做的调查，从某种意义上说，社会调研是时代的一面镜子，从各个不同的侧面客观地反映社会情况和问题。社会调研得到的结果会对社会各方面具有指导意义，其所揭露的问题对社会各方面也会具有警戒作用。

2. 针对性

社会调研总是针对某一种具体实践或实际问题而开展的。通过对客观事物的真实反映来表达作者的立场观点和思想倾向。

3. 真实性

任何社会调研的目的都是了解客观实际、发现问题、解决问题、掌握规律。调查的生命在于用事实说话，材料的真实和准确是首要的。调查一定是对材料进行科学处理和认真核实鉴别的，而不是道听途说的。

4. 典型性

典型事物最能反映一般事物的本质与规律。社会调研往往是为了了解某个问题、解决某个问题，因此需要恰当地选择典型。

三、社会调研类活动的类型

1. 根据对调查对象反映范围的不同，可以划分为概况调查和专题调查。概况调查也叫综合调查或普遍调查。主要是对调查对象的基本状况进行调查。这类调查一般是就某一地区或单位而进行的，往往涉及政治、经济、文化、人口、地理、历史等各方面的基本情况。专题调查则是围绕某个问题的调查。这个问题可以是典型经验、专题情况、新生事物、历史事件或存在的问题等。这类调查往往材料具体、针对性强，具有很强的说服力。

2. 根据调查对象反映的内容不同，可以分为总结经验的调查、反映情况的调查和揭露问题的调查。总结经验的调查是对实践中涌现出来的具有普遍指导意义的典型经验的调查。它主要是把感性的现状或发生的事件上升为理性认识，然后用以指导实践。反映情况的调查是对某一方面进行专题调查。这类调查的专题明确、材料集中具体、针对性强，具有说服力。这类调查往往是为了了解情况、研究问题、制定政策或计划提供依据而做的调查。揭露问题的调查是用调查到的大量事实揭露某一问题的实质，以引起人们的重视，达到弄清是非的目的。

3. 根据调查目的的不同，可以分为理论研究型调查和实际建议型调查。理论研究型调查是为了提出或补充或证实或证伪某个理论观点而进行的调查。无论是资料的收集还是理论观点的提出和论证都特别讲究方法。它是为科学研究服务的。实际建议型调查是为了提出某种工作或政策建议而进行的调查，大多属于专题调查。

共青团组织的社会调研活动往往都是针对某一现状或需求的调查，因此，共青团组织的社会调研一般都是专题调查、反映情况的调查和实际建议型的调查。

第二节　共青团社会调研类活动策划七步法

第一步　创意

共青团社会调研类活动创意的来源有以下几方面。

（一）青年的需求

满足青年需求是共青团工作的一项中心环节，新时代青年的生活方式、思维观念等都产生了极大的变化。同时，不同阶层、不同领域的青年的特点和需求也存在着极大的不同。因此，了解和把握青年的需求是做好共青团工作的第一步。而了解和把握青年的特点和需求，社会调研是一种重要、直接、有效的方式。例如，共青团组织可以开展青年阅读习惯的社会调查、青年生活需求的调查、青年职业诉求的调查，等等。

（二）社会的热点

青年是新兴力量，对社会有着强烈的责任感，相对于中老年人有着对社会热点更敏感的反应和更浓厚的兴趣。共青团组织如果能紧贴社会、时代的热点，可以组织一些诸如对某区域环境状况的调查、青年对某事件的反应等的社会调查，相信一定会受到广大青年的热烈欢迎。

(三) 工作的任务

共青团作为党组织的助手和连接青年的纽带,往往承担着纪念党的生日、纪念五四运动、学习一些会议精神等政治任务。而在应对这些任务时大部分共青团组织都是通过一些座谈会、讲座之类的枯燥形式了事,青年提不起兴趣反而越来越觉得团组织形式化严重。而这时如果能做些社会调研,诸如对某些革命老区、纪念地点的考察,让青年走出去,或许会收到意想不到的效果。

第二步　主题

社会调研类活动的主题有社会实践、成长成才、活动纪念、问题研究等。

研究过程开始于研究者选择一个主题,即选定一个一般性的研究领域或议题。社会调研类活动的主题的提炼要突出两个原则:一是与主题相契合,二是要体现社会调研的色彩。与主题相契合,这是个基本要求,而如何在主题中加入社会调研的因素则是社会调研类活动主题选择的一个基点,我们不妨多利用一些动词。例如,开展对某一单位"青年的需求调查"研究,则可以确定这样的主题——"了解青年需求、服务青年发展";又如对某一地区的环境状况进行调查研究,则可用"环保先锋我先行,××环境大家看"。这里的"了解"和"看"都可以较好地体现社会调研类活动的特点。

第三步　内容

内容的确定应紧紧地围绕活动的主题和目标进行。对于社会调研类的活动内容的确定主要包括以下几方面:

(一) 描述

了解情况是社会调研类活动的第一个步骤,只有了解所要调查事物的基本情况才可以进行下一步的工作。例如，在对青年的需求的调查中，第一步便是通过问卷或访谈的形式了解青年需求的一些基本的情况，得到一些描述性的事实；在对某地区环境进行调查时也是通过观察、走访等形式得到对这一地区的描述性的事实。

（二）解释

解释是对表面的描述性事实进行分析和研究，找出描述性事实存在的原因或依据。例如，青年普遍对培训的需求较大，那么调查者就要对这一现象进行深入的调查和分析，找出青年需要培训的原因以及需要何种培训。

（三）预测

预测是在充分分析描述性事实的基础上，对这一描述性事实的发展方向和影响范围进行合理的预测。比如青年的培训需要，如果青年的培训需要是来自自身素质的欠缺，那么可以预想这种现象的影响范围基本不会扩大；而如果青年的培训需求是来自单位生产技术改进、业务范围扩大，那么此时便可以预见到随着单位生产和业务的进一步发展，这种需求将会越来越大。

（四）对策

对策是对描述和预测的反应。社会调研的一个基本的内容只能是通过调查发现需要、发现问题，因此根据问题提出的对策便成为社会调研类活动不可缺少的一部分。对策的提出一定要具体并具有可操作性，不能是假、大、空。

第四步　形式

社会调研的形式有四种：普查、抽样调查、典型调查和个案调查。

（一）普查

普查亦称全面调查，是在一定时空范围内，一次性地对研究对象的全体逐个调查，目的在于了解事物的共性，把握事物的发展趋势。

普查的优点：获得的资料全面，可以了解全部调查对象的相关情况，准确性高。针对的是研究对象的全体，所以在确定调查对象方面比较简单。普查获得的数据为抽样调查或其他调查提供基本依据。普查的缺点：工作量大，费时、费力、费钱，组织工作复杂；容易产生重复和遗漏现象；调查的内容有限，只能了解基本情况。因此，普查适合一些大的单位或部门对整个群体进行调查，例如某团市委对全市青年的思想状况的调查等。

普查的具体方法：一是建立专门的普查机构，配备大量普查人员，统一时间、统一行动，对调查单位进行直接登记。如我国进行的几次人口普查。二是快速普查，速度比第一种快，组织普查的最高机构向提供资料和调查信息的基层单位直接布置调查任务，这些登记单位将填报的资料越过中间一些环节直接报送到组织普查的最高机构汇总。

（二）抽样调查

抽样调查是一种非全面调查，它是从全部调查研究对象中，抽选一部分进行调查，并据以对全部调查研究对象做出估计和推断的一种调查方法。

抽样调查的优点：抽样调查的工作量要比普遍调查少很多，节省时间、人力和财力。抽样调查可以十分迅速地获得资料数据，比较详细地收集信息，获得内容丰富的资料。因此，可以设置较多和较复杂的调查项目，并能集中时间和精力做详细的分析。

抽样调查的应用范围十分广泛。对青年各种需求的调查，对某一地区各种状况的调查，对青年对各种事件的反应的调查都可以采取这种形式。但这种形式下的调查，样本的选择显得尤为重要，直接决定了调查的可靠性和准确性。

（三）典型调查

典型调查，是从研究总体中有意识地挑选出少数具有代表性的对象进行调查，以达到了解总体的特征和本质的方法。典型调查要求收集大量的第一手资料，搞清所调查的典型的各方面情况，做系统、细致的解剖，从中得出用以指导工作的结论和办法。典型调查适用于调查总体同质性比较大的情形。同时，它要求研究者有较丰富的经验，在划分类别、选择典型上有较大的把握，能够比较容易地找到何为典型。此种调查形式可以选择工作中好的经验、做法、突出人物等进行调查，及时总结、推广。比较适合"当代青年的十大需求""杰出青年的十大特征"之类的调查。

（四）个案调查

个案调查，是指对单一对象进行深入细致研究的方法，研究对象可以是一个人、一个机构、一个村庄等。个案调查虽然深入、全面，但调查资料却难以标准化，一般只做定性研究。此种调查方式比较适合"留守儿童的生存状况"之类的调查。

第五步 方案

设计调研方案需要遵循一些原则：一是实用性原则，方案撰写要简单易懂便于操作实施，特别是在调研采用的方式上需要说清楚，最好制定一个详细的分阶段的调研步骤。方案的每一项具体详尽，做到量化细化。二是弹性原则，方案不要定得过严、过死。比如，上级制订方案时，可能对基层有些情况不熟悉，有些地方没有考虑，如果方案要求定得过严，对下一级团组织情况不太适用。三是可行性原则，需要综合考虑团组织的人力、物力、财力等情况，确保调研活动的可行性。

第六步　实施

在调查实施阶段，挑选和培训调查员，根据方案抽取调查对象，分赴各调查点进行实地调查，按情况采取不同的资料收集方法、收集资料。

资料收集的形式有以下几种：

（一）问卷

1. 问卷是一份精心设计的问题表格，其用途是用来测量人民的行为、态度和社会特征，是调查研究中用来收集资料的主要工具。问卷一般包含封面信、指导语、问题、答案、编码等。

（1）封面信是一封致被调查者的短信，作用在于向被调查者介绍和说明调查的目的，即"为什么调查"调查单位或调查者身份，即"我是谁"；调查的大概内容，即"调查什么"；调查对象的选取方法和对调查结果的保密措施等。封面信一般两三百字最好，语言简明、中肯。

（2）指导语是用来指导被调查者填答问卷的各种解释和说明，有些问卷填答方法比较简单，指导语很少，常常在封面信中用一两句话说明即可。比如"根据自己的实际情况在合适的答案号码上打钩"。有些比较复杂的问卷的指导语在封面信后，单独有个"填答说明"的标题，其作用是对填表的方法、要求、注意事项等做一个总的说明。

（3）问题及答案。这是问卷设计的主要内容。从形式上看，问题可以分为开放式问题和封闭式问题。开放式问题是提出问题，不给被调查者提供答案，由被调查者自己自由填答的问题。如"你对团组织开展的活动有什么建议"。封闭式问题是提出问题时，给出若干个答案，要求被调查者选择填答的问题。如"你是共青团团员吗？"这是一个封闭式的问题。开放式问题的优点是回答者可以自由发表意见，所收集的资料会很丰富，还可能有意外的发现；缺点是对回答者要求高，要求有较高的知识水平和语言表达能力。回答也比较费时费力，可能使回收率变低，同时回答较占时间，统计处理较困难。封闭式问题的优点是容易回答，节省时间，而且对文化程度要求较低，回收率高，也便于统计分析；缺点是缺乏自发性和表现力，问题答案容易有偏差也不易发现。研究者根据调查特点具体选用，一般在大规模的正式调查中，主要采用封闭式问题构成的问卷。

（4）编码及其他资料。在以封闭式问题为主的问卷中，为了将被调查者的回答转换为数字，输入计算机进行处理和定量分析，需要对回答结果进行编码，即对每一个问题及答案以一个数字或字母作为它的代码。

2. 问卷设计要注意的问题。问题的语言尽量简单，通俗易懂，不要使用复杂的抽象的概念及专业术语。特别是到基层调研时，群众文化程度普遍不高，要注意问卷语言的通俗化。还有问题的陈述尽可能简短清晰，使回答者一目了然。问题要避免带有双重含义，一是问题明显具有不同的理解；二是一个问题中同时询问了两件事情。问题不能带有倾向性，不要用否定形式提问，不要问回答者不知道的问题，不要直接询问敏感性问题。

（二）访谈

访谈法又称访问法，是指在一定研究目的的指导下，访问者与被访者通过面对面交谈的方式了解实际情况的方法。

最常见的访谈分类是按照访问前是否拟定详细的标准化的访谈提纲，将访问分为结构性访问和非结构性访问。结构性访问是访问者在访问前，制定好详细的标准化的访谈提纲，对被访者进行访问。特点是：获得的资料便于比较和进行量化处理，能减少交谈中的主观成分，避免被访者含糊地回答或偏离访谈提纲的谈话。在进行结构性访问时，所有的访问员都要遵循事先制定好的访谈提纲，按照一定的顺序提出问题，不能随意偏离访谈提纲。制定访谈提纲是进行结构性访问的一项重要工作。非结构性访问是访问者不依照某种统一的访问调查表，而是围绕研究的问题与被访者进行自由交谈。特点是交谈自然，可以深入了解多方面的情况。

按照一次被访问的人数分为一对一访谈和集体座谈法。一对一访谈是访问者围绕某个问题或访谈提纲单独访问被访者从而获得资料的一种方式。一对一访谈可以充分利用访谈者的技巧和经验，有针对性地深入了解需要的信息，但是比较费时。集体座谈法是一种邀请若干被调查者，通过集体讨论的方式了解实际情况的方法。在团组织进行社会调查活动中，由于时间效率高，经常采用座谈法。但是由于在场的一些人的影响，如其他座谈者、不同层级领导等，座谈对象可能有许多考虑，不便于发表一些不满、质疑等言论，会有所保留，以致得到的信息不够细致深入。所以在调研中，需要综合考虑各种资料收集方法的利弊，选择一种或多种方式收集资料。

(三) 观察

观察法是指根据一定的研究目的、研究提纲或观察表，用自己的感官和辅助工具去直接观察被研究对象，从而获得资料的一种方法。用观察法时应注意以下原则：

1. 全方位原则。在运用观察法进行社会调查时，应尽量以多方面、多角度、不同层次进行观察，收集资料。

2. 求实原则。观察者必须注意下列要求：第一，密切注意各种细节，详细做好观察记录；第二，确定范围，不遗漏偶然事件；第三，积极开动脑筋，加强与理论的联系。

3. 必须遵守法律和道德原则。观察法直观性、可靠性强，但是受时空等条件限制，费时费力，表面性和偶然性概率高。

资料收集的方式很多，需要根据不同的情况和需求选择，可以几种方式结合在一起互补。比如在农村进行青年创业就业的调查时，可以采取问卷法、个别访谈法、座谈法等方式收集资料。资料回收后，对资料进行分析。其间可以开会讨论各组调研情况。

第七步　总结

社会调查的总结往往是以撰写调查报告作为总结的形式的。调查研究报告是反映社会调查成果的一种书面报告，它以文字、图表等形式将调查研究的过程、方法和结果表现出来。其目的是告诉有关读者，对于所研究的问题是如何进行调查的，取得了哪些结果，这些结果对于认识和解决问题有哪些理论意义和实际意义，等等。

（一）研究报告的一般结构

1. 标题

（1）直接陈述研究对象或研究的问题，使研究的主要内容一目了然。如《当前大学生思想状况调查》。

（2）以某种结论式的语言或判断句作为标题。如《择友不当是青少年犯罪的重要原因》。

（3）以提问的句式作为标题。如《精神之花为什么会红》。

（4）双标题——主、副标题。如《独生子女都是小皇帝吗？——独生子女生活现状调查》。

标题的写法可以灵活多样，但有一点要十分注意，就是标题要与报告内容相符，不能为了引起读者注意而使用超出报告内容的标题。

2. 导言

主要说明所研究的问题及研究的意义。包括研究的背景、研究问题及界定、研究的目的和意义。

3. 方法

说明研究所采用的方式方法、研究工具等。包括文献回顾及评论,研究的基本概念、变量、假设和理论框架,资料的收集方法和资料分析方法。

4. 结果

说明通过研究所获得的发现。

5. 讨论

说明发现的结果具有哪些意义,还有什么收获或需要改进的地方。在撰写研究报告的讨论部分时,应该思考这样一些问题:从我们的调查研究结果中,能够得出什么样的推论?这些推论中,哪些同研究的数据资料结合得紧密,哪些则在较抽象的层次上同理论更相关?我们的研究结果在理论方面和实践方面具备什么样的内涵和意义?

6. 小结或摘要

对上述五方面的简要总结。

7. 参考文献

通常要在报告的末尾列出参考书目。这些书目是研究者在从事这项研究过程中所阅读、评论、引证过的文献。这样做一方面体现出科学的、实事求是的研究态度;另一方面也为同一领域的研究者提供一个参考的文献索引。

8. 附录

研究过程中所用的问卷、访谈提纲等。

(二) 调查报告的撰写步骤

1. 确立主题

在一般情况下,调查报告的主题就是该项调查的主题,即调查报告所要反映的中心问题也就是整个调查的中心问题,二者往往是一致的。

调查报告的主题就是调查报告所要表达的中心问题，它是整个调查报告的灵魂。

2. 拟定提纲

如果说主题是调查报告的灵魂，那么这种提纲就是调查报告的骨架。

拟定写作提纲的方法是对调查报告的主题进行分解，并将分解后的每一部分进一步具体化。

3. 选择材料

调查报告所用的材料通常包括两方面的内容：一种是从调查中得到的各种数据、表格、事例等客观材料；另一种是在这些客观材料的基础上通过分析、综合、概括所形成的观点、认识、建议等主观材料。二者相互联系、互相依赖，共同构成填充调查报告"骨架"的"血肉"。

4. 撰写调查报告

撰写时通常要从头到尾一气呵成，这样做的好处是便于整个调查报告紧紧围绕所确立的主题来展开，使得调查报告在整体思想、体系结构、内容形式、行文风格等方面都前后一致、浑然一体。

调查研究报告完成后可以通过座谈会、成果报告会、成果表彰会等方式对调研情况做总结和分析，以更好地开展工作。

第七章 共青团竞技类活动策划方法

第一节 共青团竞技类活动概述

如何活跃青年氛围，调动青年参与积极性？如何团结青年，增强组织凝聚力？如何在娱乐中散发激情，在趣味中激发创造？竞技类活动在推动青年工作的过程中，往往扮演着不可或缺的角色。作为青年，朝气蓬勃和勇于争先是其性格中的普遍因子，热衷娱乐和追求刺激是其特有心态，作为团干部，应立足青年特点，发扬青年优势，做好青年工作。竞技类活动以其形式新颖多变、效果显著为优势，成为团干部工作的法宝之一。

一、竞技类活动的概念

竞技类活动指按照一定规则，最大限度发挥个人和集体在体力、智力和运动能力等方面的潜力，为创造优异活动成绩而进行的竞赛。

二、竞技类活动的特点

1. 充分调动和发挥参与者身体素质和心理素质等方面的潜力；
2. 具有一定的对抗性和竞赛性；
3. 参与者有充沛的体力和一定的技艺；

第七章 共青团竞技类活动策划方法

4. 按照统一的竞赛规则，成绩具有公认的特点；

5. 具有一定的娱乐性。

三、竞技类活动的基本原则

奥运会竞赛项目的三个基本原则是公正、公平、公众，这应该成为所有竞技类活动举办的基本原则。

第二节　共青团竞技类活动策划七步法

第一步　创意

在设计竞技类共青团活动时，其创意来源应立足以下几点：

（一）明确活动目的

竞技类活动的目的主要为调动青年热情和工作积极性，加强凝聚力、促进团结，推动生产、提升工作效率，服务青年成长成才。设计活动时切忌单纯游戏化、低俗化、仅供娱乐，否则会抹杀活动意义和价值。有目的、有步骤地设计活动项目，立足活动的最终目的，在娱乐中学习、在趣味中互助、在竞技中成长，使活动能切实有效地服务青年、服务青年工作。

（二）把握青年爱好

服务青年、服务青年工作必须立足青年特点，扎根青年的内心，这样才能充分调动并发挥青年的内在驱动力。投其所好是打开工作局面的技巧之一。青年大多喜爱形式活泼、内容新颖，既可以表现自我又可发挥团队力量的活动。了解对象的爱好和倾向，是走进青年内心、调动青年积极性的基础一步。

（三）融合当下潮流因素，关注时下热点

俗话说"三岁一代沟"，与青年之间良好的沟通和协调往往陷

于各种各样的代沟，使得工作难以有好的进展。青年思想更新快，潮流感、时代感强，对一些老旧刻板、缺乏生气的内容和形式有所抵触。这就需要团干部在举办竞技类活动时，融合当下潮流因素，参考时下青年热点，在形式与内容方面均能契合青年内心，从而达到充分调动青年，也增强活动的创新性与丰富性。

第二步　主题

竞技类活动的主题有体育比赛、成长成才、活动纪念、促进生产等。

竞技类活动主题的选择植根于活动的目的，是活动的核心价值体现。竞技类活动的定位往往比较简单直接，确定主题比较容易，是活动举办方的需要和活动对象的需要的结合，往往也由特定的时期决定，需要考虑的因素也以这三方面为主。例如，在五四青年节前后可以举办以成长成才为主题的青年竞技活动；又如，在企业的"生产劳动月"举办以促进生产为主题的生产技术竞技活动，都是契合双方需求又在特定时期被赋予特定意义的主题。

第三步　内容

内容的确定应紧紧地围绕活动的主题和目标进行。对于竞技类活动的内容的确定主要包括以下几方面：

（一）活动方式

这是一个活动成功与否的关键一步。竞技类活动的主题与目的需要合适的方式这一载体来体现，同时活动方式也是活动的骨架，必须花费一定的精力来确定。如体育竞技类活动要重点考虑活动的具体项目；才艺竞技类活动应注重展示的形式和程序；成长成才类活动应注重环节设置和成长成才价值观的预设。积极创新活动方式，使其多样化、大众化、新颖化，才能提升活动质量，切实达到活动目的。

（二）活动宣传动员措施

这是展示活动精彩之处并号召大家积极参与的关键，是组织者的精心策划和准备工作的外化，强有力的宣传措施有时胜过一个好的策划。宣传方式多种多样，关于这一点，总结自身经验、借鉴他人优秀成果是做好宣传的捷径。宣传的途径很多，如口头宣传、新媒体宣传、纸质媒介宣传等，动员的力度、深度、强度也影响到青年参与的热情。

（三）做好安全防范措施

竞技类活动大多都需要提前做好安全保障准备，体育竞技类活动尤其明显，其他类别竞技活动均涉及人员的大量集中，基本的安全设施如灭火器等须提前设置以备不时之需。加强安全防范的另一措施便是现场秩序的维护，可设置专门安保人员，或放置安全提示。这需要组织者对活动的安全性和可能出现的意外情况进行详细的预测和估量，以保证现场安排周密、万无一失，安全是举办活动始终坚持的首要原则。

（四）以点带面、责任到人

竞技类活动环节多、所涉及方面多，这就需要合理地安排各点负责人以达到以点带面、面面俱到。这要视具体的竞技项目来组织安排。如才艺竞技类活动可设置电子设备责任人、后台责任人等。竞技类活动还要尤其注意现场机动人员的安排，这是应付突发事件的有力保障。如出现节目单更换，需要由总负责人将信息传至主持人、后台、电子设备责任人、道具责任人等处，这就要求现场机动人员有极强的协调和沟通能力，这也是活动能顺利进行的润滑剂。

第四步　形式

竞技类活动形式十分丰富，可供选择的余地大，活动形式重在创新，创新增活力，创新添动力，创新是一个活动的精神所在。如某公司团支部推出夫妻档趣味运动会，使员工在竞技的刺激中也感受到浓浓的夫妻情和企业情。共青团组织的竞技类活动主要有：

（一）体育竞技类活动

体育竞技活动形式多样，如球类竞技、棋牌类竞技、田径类竞技、武术类竞技、体育舞蹈类竞技、飞行器械类竞技、健身类竞技、趣味运动项目类竞技等。

（二）才艺竞技类活动

才艺竞技活动形式也多种多样，如演讲比赛、歌手大赛、舞蹈比赛、器乐比赛、朗诵比赛、辩论赛等。

（三）技能竞技类活动

技能竞技活动形式也很丰富，如青年岗位能手、操作能手、"年度之星"评选、技能创新赛、小机械小设备设计赛、疑难技术问题处理赛等。

第五步　方案

方案是一个活动举办的根据，方案的确立需包括以下几个基本方面：竞赛背景和意义；活动口号、标语；竞赛场地、时间、地点；组织机构；竞赛流程与规则；工作人员责任分配表；报名方式；评分标准；奖励办法；赛前准备；赛后总结；紧急情况预防方案；财务预算；注意事项等。这是构成一个竞赛方案的必备内容，但不同类型的活动也因具体情况的不同在方案内容上有所不同。活动方案应力求完整全面，具有整体的指导性和覆盖性，切实做到以方案为基准、为准绳，做到有方案可依。

活动方案建议多使用附件的形式以便清晰全面地说明各项事宜，做到条理清晰、内容充实，后附报名表、活动日程等。

第七章　共青团竞技类活动策划方法

在这一环节中应注意以下几个问题：

（1）注明各个环节或领域的负责人，责任到人、各有分工。

（2）竞技类活动注意制定完整具体的规则以保证活动的有序进行。

（3）注意现场调度人员的安排，现场环节紧凑且所涉及的方面多，需要良好的沟通协调者。

（4）器械和道具的到位。

（5）注意安全措施的完善。

（6）经费预算项目繁多、所涉及的方面广泛，应详细分类记录每项花费，防止出现消费不明的混乱情况。

（7）分工按照领域分清晰，工作安排要细致，因为竞技类活动涉及方面多，要注重细节。

第六步　实施

竞技类活动的实施分为赛前准备、赛中安排和赛后总结三部分内容，以方案为实施准则有节奏有层次地推进实施。本书重点介绍共青团最经常组织的竞技类活动的实施细节。

（一）体育竞技类活动

1. 赛前准备

（1）赛前宣传动员及报名活动；

（2）核实场地、器械、人力资源、安全措施等的落实情况。

2. 赛中安排

（1）注意各环节负责人的责任落实，争取面面俱到，包括抽签、计分等细节问题；

（2）有一定的预测意识，注意活动进行中可能出现的意外情况，及时采取措施预防并积极有实效地解决问题。

3. 赛后总结

（1）及时召开总结会议，有针对性地对活动中的突发情况进行总结并提出意见和建议；

（2）总结应点面俱到，重视细节问题，落实责任。

（二）才艺竞技类活动

1. 赛前准备

（1）做好赛前报名工作，详细落实各个才艺的具体题目和内容以便节目单制作、主持人串词、音乐和背景的准备工作等；

（2）邀请才艺相关的专业人士担任评委，注重竞技的专业性和标准化，也使竞赛结果具有说服力和权威性；

（3）安排提前彩排工作，注意调试音响、话筒、灯光、投影等器械。

2. 赛中安排

（1）注意各才艺展示之间的衔接，衔接工作做不好易出现冷场和混乱，注意场务人员的安排和现场机动人员的调动；

（2）重视与各部分责任人的沟通，并及时督促各工作人员。

3. 赛后总结

（1）及时召开现场总结会议，宽口径、大面积地收集意见和建议；

（2）重视整体的把握，以整体的视角观照细节。

（三）技能竞技类活动

1. 赛前准备

（1）赛前宣传动员及报名活动；

（2）核实比赛器具的准备及现场记分员、监督员的安排；

（3）设置公开透明、公正公平的计分和评分制度。

2. 赛中安排

（1）注重发挥安全措施的效用，维持现场秩序，防止出现混乱；

（2）发挥监督、督察人员的作用，保证比赛纪律。

3. 赛后总结

（1）将技能总结和活动总结相结合，及时推广活动中的特殊技能；

（2）积极表彰优胜者，推广其工作方法和工作态度，达到提升技能、树立模范、激励生产的目的。

第七步　总　结

总结是活动的尾声，体现组织者对整体活动的认识，也体现活动有始有终的完整性。总结的形式有口头总结、会议总结和纸质版总结，可根据具体条件进行选择。好的总结可以达到事半功倍的效果，总结环节应充分调动活动参与者，广泛吸取和采纳意见建议，为日后举办类似活动提供良好的参考。

第八章 共青团大型户外类活动策划方法

第一节 共青团大型户外类活动概述

一、大型户外类活动的概念

大型户外类活动是指共青团组织有目的、有计划、有步骤地组织众多人参与的户外社会活动。

二、大型户外类活动的特点

1. 鲜明的目的性

大型活动耗费很多资源,包括人力、物力、财力,因此,无目的或目的不鲜明的大型活动是资源的浪费,也是性价比低的"面子活动"。规模大、规格高是大型户外活动的追求,这是在明确目的的基础上做大做强的表现。

2. 严密的操作性,即要有计划性

大型户外活动要求周密的计划性,由于场地为户外,活动规模为大型,因此对活动秩序、活动纪律的要求提高,活动举办难度增大,制定切实可行且周密的计划是活动顺利进行的必要保证。

3. 广泛的社会传播性

众多人参与是大型活动的重要属性。"大型"不仅体现在活动规模宏大、声势浩大,更重要的体现在参与人数之多上。但并不能简单地归结为人多就是大型活动,关键在于活动的社会化程度。

4. 活动场所为户外

这一点顾名思义,同时也决定了活动的限制性因素和可利用因素,如天气对活动的限制,活动对资金投入的巨大要求,或场地足够大对活动开展的好处。

如上所述,大型户外活动举办难度大、资源投入大,同时影响力度大、范围广、效果强,因此,团干部在工作中应具备举办此种活动的技能,丰富工作方式方法,推动青年工作。

三、组织大型户外类活动应注意的问题

1. 场地、天气等客观因素的影响

相对于其他类型的活动而言,影响大型户外类活动组织有两个重要的因素——场地和天气。场地的大小和形状直接决定了活动的规模、参加的人数和人员的分配。比如在植树活动中,人数的确定就要根据场地的大小,同时要根据场地的形状安排人员的分布,尤其有重要领导参加时,领导的位置要根据场地的形状进行精心的安排。天气是影响户外活动的另一个重要的因素,一般而言阴雨天气、大风天气往往不适合开展户外活动,而像举办风筝节这样的活动则对风向和风速有着特殊的要求。

2. 往返交通工具的准备和路线的设计

户外活动往往会涉及一个往返活动场地的问题。如植树活动和户外素质拓展活动往往都会在比较远的地方,这时往返交通工具的准备就很重要。一般而言,领导应有专门的车接送。对于一般参加人员,则有两种方式:一种是组织统一前往,这就要提前确定大概的人数,准备好交通工具,尤其注意的是要严格要求集合的地点和

时间，做好预案，以免因部分人的迟到而延误活动的正常开展。另一种便是告知活动的地点，让参加人员自行前往，这种方式下，活动的组织者应该尽可能地提供详细和全面的路线信息，同时应充分考虑参加活动人员自带的交通工具的存放问题。

3. 安全性问题

大型户外活动有两个重要的特点，一是人数多，二是在户外。这就非常容易产生安全问题，比如路上交通的安全、活动中的安全等等。因此，活动的组织者要做好安全防范的工作。（1）安全宣传。要提醒参与活动者提高安全意识。（2）必要药品和安全物资的准备。大型活动中要准备一些必需的药品，尤其是创可贴、绷带、消毒酒精等治外伤的药品，若是在户外用餐的还应携带一些治疗腹痛、腹泻的药品。（3）在必要的情况下还应当给参加活动的人员购买保险。

第二节 共青团大型户外类活动策划七步法

第一步 创意

共青团大型户外活动创意的来源主要有以下几方面：

（一）青年成长成才需求

永远将是否满足青年的实际需求作为工作的重要衡量标准是共青团工作是否落到实处的必要考虑。作为青年一代，正处在身体和心理跨入成熟阶段的最后时期，思想和认识的破茧而出，最需要的是正确的引导和积极的帮助，这也是青年在青春期的尾巴上最需要的助推器。大型户外活动，因其大型和户外两个因素决定它无法实现专业化的理论推广和细致深入的心理沟通，它更适合的是通过集体集中的大规模、简单化的活动环节和项目，启发青年人并指导其进行思考和感悟，将外在的互动内化到心灵的撼动并生发出成长成才的推力。

（二）可利用资源的特性

大型户外活动对人力、物力、财力等资源的需求大，但在空间上局限性小，使得可进行的项目范围广、尺度大、限制小。可利用资源如空间、自然物等可发挥它超出一般物品的强大的优势条件。如在空旷处放飞氢气球，或利用树木作为障碍物进行游戏，或在草丛和小山坡中进行藏宝游戏，或在崇山峻岭中进行生存训练等。针对这一创意来源，组织者的创新空间和可发挥空间非常大，充分利用资源进行扬长避短是大型户外活动对团干部的特殊要求。当然，其不受主观因素控制的许多客观情况也增加了活动的难度，提升了挑战性。

第二步 主题

大型户外类活动的主题有成长成才、活动及节日纪念、公益环保等。

大型户外活动在活动主题上必须扬长避短，它不同于室内活动，也不同于小规模活动，大型户外活动的主题应相对直接、活动方式可操作性强，不适宜太复杂的主题。因此，作为青年人成长成才平台或者各类活动、节日的纪念是最合适、最恰当的主题。大型户外活动规模宏大、影响力大、人数众多，无论在形式还是内容上都有很大容量，是大主题、大表现力活动的首选形式。如"七彩青春，美好人生"大型联谊会，或"庆祝建团××周年"大型文艺会演等，此类主题都可以采取大型户外活动的方式来进行。

第三步 内容

共青团大型户外类活动的内容确立应紧紧围绕主题来进行，需要确立的内容应包括以下几方面：

（一）确定项目

通过对活动可行性和性价比的评估来决定是否将活动作为一个项目确定下来，因为大型户外活动对人力、物力、财力等资源投入有很高要求，这成为十分重要的工作步骤。这个活动要不要做、为什么做、是否能实现预期效果、容易出现哪些风险及这些风险的可避免性如何等问题，都需要事先进行准确而全面的评估。

（二）调查和可行性论证

大型活动调查有其特殊性，其调查内容应包括国家关于大型户外活动的政策和法规、公众关注的热点、历史上同类个案的相关资讯、场地状况和时间的最佳选择等。由于户外活动受自然因素影响大，不可控制的情况多，对活动可行性的要求高，调查的内容还应包括天气、气温、风力等自然因素。户外活动还要更多地考虑安全措施，因此，此类活动的调查一般应多置身现场进行体验，从而获得一手的资料。

可行性论证在大型户外活动中占有举足轻重的作用。研究领域应涉及该活动的社会适应性、自然环境的适应性和目标青年群的适应性，同时也要关注物质水平适应性、效益的适应性和应急能力的适应性，这些都是可行性研究的范畴。

（三）提炼主题，寻找创意

在个人创意的激发下，这里强调群体创意，因为活动的大规模不同于可控性极强的小规模室内活动，博采众长、会精聚彩是进行创意的基本原则。主题是活动的点睛之笔，好的主题能够让人一眼看后便了然于胸且兴趣盎然，因此，立足青年生活、结合活动宗旨，提炼概括性强、艺术水平高、思想鲜明准确的主题是办好活动的重要一步。

第八章　共青团大型户外类活动策划方法

（四）方案论证

方案必须经过科学的、正规的、准确的论证，实地论证是大型户外活动的首选。

第四步　形式

目前，共青团工作实践中，共青团大型户外活动的主要形式有：

（一）户外环保活动

环保活动是顺应国家的策略应运而生的活动形式，具有鲜活的生命力和强大的张力，该活动形式具有良好的发展前景。因为环保这一中心的展现对象更多的是对自然界、对自然环境的保护，因此多以户外活动为主要形式。近些年，国家大力度倡导环保活动，大力号召各地响应国家重视环保的号召，各地在组织青年提升环保意识、建立环保精神的过程中多采取能够引发巨大社会影响力的大型活动进行，共青团活动大型户外活动中环保活动成为重要的形式之一。

（二）户外主题活动

户外主题活动是大型户外活动运用最广泛的活动形式之一，比如"纪念建党××周年"参观革命圣地活动、"五四力量，燃烧青春"露天演讲大赛活动等。以这种形式举办活动，使得活动亲和力强、感染力强，受拘束少、人员容量大，这也是共青团大型户外活动中常用的形式。

（三）户外拓展活动

户外拓展活动是进行素质拓展和身体拓展的首选形式，户外拓展活动项目丰富多样、设计具有科学性和专业性，趣味性和锻炼性强，是青年喜闻乐见的活动形式之一。户外拓展活动针对不同的活动目的有各种项目以供选择，有利于加强团队凝聚力，深化青年对工作的认识，激发青年的工作热情。

第五步　方案

方案内容包括活动名称、活动主题、活动意义、活动内容、活动步骤等。

大型活动的规模往往较大，在这一环节中要特别注意以下几个问题：

（1）写明各个环节的起始时间。

（2）活动涉及多个场地的要写明不同阶段应使用哪一块场地，以及如何在场地之间进行转移。

（3）每个环节应留有适度的缓冲时间。

（4）写明每个环节、步骤要达到的效果，以及每个步骤的主要负责人。

（5）参加人员大型活动有时会在时间上存在比较长的问题，而领导的时间可能有限，如有领导或其他部分参加人员存在需要中途到场或中途离场的情况，此处应注明，并设立专门的人员负责迎接和欢送。

（6）户外大型活动规模大、持续时间长、程序复杂，因此时间控制特别重要。集合时间、开始时间、中途专场时间、领导出席的时间、结束时间等都要在此强调和注明。

（7）户外活动受场地的限制较大，因此在地点这一项上要比其他类型的活动花更多的功夫。写明地点的详细位置；对场地的基本环境进行描述；附上前往场地的路线图；场地进行分割的，要标明不同区域的用途。

（8）天气是影响户外活动的一个重要因素。因此，活动方案中应有关于天气描述的部分，最好附上穿衣建议。

（9）大型户外活动规模大，往往涉及经费较多，也比较庞杂，应设立专门的经费管理人员，详细记录每一笔开支。同时，对每一笔开支要进行必要的审核。

（10）所需物资针对户外活动容易出现安全问题，活动组织者应特别准备必要药品和安全物资。

（11）大型户外活动规模大、程序多，因此在分工上一定要十分细致，每一个区域都应该设有专门的责任人，每一项工作都要落实到人。同时要做好保障工作，设立突发事件保障小组。

第六步　实施

（一）准备阶段

宣传要深入。大型户外活动往往具有较强的号召力，活动的组织初衷也是为了在社会上造成较大的影响，因此要加大大型户外活动的宣传工作，尽量扩大本次活动的影响范围。

物资到位。户外环保活动往往需要大量的物资，比如植树活动中的树苗、铁锹、水桶等，都要提前运至活动现场，并要根据场地的大小和参加人数的多少准备物资。物资的准备应有适当的盈余，以替换活动过程中的损耗。

要进行必要的现场模拟。因为大型户外活动的不可控制因素相对较多，为保证活动顺利进行，切不可想当然或以室内活动经验为基准衡量户外活动，应该重视现场模拟，在实际模拟中发现漏洞并及时弥补，同时也会在实际演练中激发灵感，完善活动进程。理论必须见之于实践才能检验出它的真假，原则方案确立之后，一定要落实为现实才能考验它是否实用、是否有可操作性和可行性。

（二）实施阶段

严格实施操作程序的管理。程序化管理是科学的管理方法，只有程序化的管理，方能实现标准化、科学化的管理。如果仅是方案好，缺乏操作设计也会在实际的操作过程中出现很多问题，违背活动设计精神或没有达到预期水平。设计出操作的规范程序，也就是将每一步都具体化、明确化，注重细节和工作的衔接。

要提前进行方案培训。大型户外活动中，为了保证活动顺利开展及人员安全，进行培训显得尤为必要。这不仅能够保证活动质量，同时也极大地调动活动参与人员的积极性，增强工作人员的凝聚力和自信心。

第七步　总结

总结才能提高，要使活动充满新生的力量和青春的活力，必须解放思想，在实践中摸索经验，在经验中求得创新，在创新中实现超越。这样的活动才能永葆生机，才能凝聚人心、会聚人气，才能够不在一个套路中打转，从而创造出青年人喜闻乐见的活动。

大型户外活动的总结要注意以下几方面：（1）活动流程的整体控制是否流畅；（2）时间上的把握是否准确；（3）活动的社会效益是否最优。

第九章 共青团联欢类活动策划方法

第一节 共青团联欢类活动概述

青年是早晨八九点钟的太阳,最具活力和激情。以歌舞、才艺表演、联谊交流为主要内容的联欢类活动尤其受到青年的广泛欢迎,能够极大地调动青年参与活动的积极性。

一、联欢类活动的特点

联欢类活动是青年喜闻乐见的活动,可以在传递快乐的同时为青年提供一个展示自我、互动交流的机会。相对于其他类型的活动而言,其具有以下几个特点:

1. 节目的娱乐性。联欢类活动,一个"欢"字在某种意义上说明它是一种娱乐活动,无论是各种晚会或是小型的K歌活动,它都以一定的艺术化节目贯穿始终。青年不仅是一个多才多艺的群体,还是一个充满活力和激情的群体,青年对音乐、歌曲、舞蹈、小品等文艺活动具有极高的兴趣,因此,节目的娱乐性成为联欢类活动一个必然的方向和选择,是联欢类活动贴近青年特点和需求的一个重要体现。

2. 过程的互动性和积聚性。联欢类活动,一个"联"字道出了该类活动的第二个重要特点,即活动过程中的互动性和积聚性。这种互动性既有例如舞会、交谊会上直接的互动交流，也有晚会、汇报演出中的舞台上与舞台下的间接的交流。互动交流有利于活动气氛的整体协调，有利于调动青年的激情和潜在的爆发力，互动交流得越深，往往越能掀起活动的高潮。

3. 内容的多样性。联欢类活动尤其是联欢晚会、汇报演出等，往往具有丰富多彩的节目，各种形式的才艺活动集中地展示在一个充满欢乐的舞台上。歌曲、相声、小品、舞蹈、戏曲等各种表演都可以成为联欢活动的主角，将联欢活动推向高潮。在一般的联欢会上，节目的数量基本都会超过10个。

二、组织联欢类活动应注意的问题

第一，节目编排。大部分的联欢类活动都是节目表演的集合。即便是形式较为单一的舞会也会存在着不同风格的曲目，即便风格相同也会存在多首曲目，一般不会存在一首曲子贯穿始终的情况。这就涉及不同节目、不同曲目的编排工作。一般的联欢类活动应该有一条主线将整个活动按照一定的顺序串联起来。此外，联欢类活动一般具有开场、高潮、尾声三个部分，这三个部分的节目如何安排是联欢类活动策划实施的一个重要的问题。

第二，场地布置。组织开展联欢类活动，离不开一定的活动空间。场地布置与环境的美化对活动本身具有很强的视觉影响力和感情穿透力。花团锦簇、彩灯闪烁的会场，给参加活动者一种强烈美好的感受。因此，在组织联欢类的活动时，一定要注意环境因素的作用。联欢的会场还可悬挂一些彩条和灯饰。摆放一些花卉对烘托会场的气氛也很有好处。会场可装饰得活泼热烈些，利用多种色彩的灯光渲染气氛，效果最好。会标的字体可用美术字、夸张变形的拼音文字等来表现喜庆欢悦的气氛。当然，环境的美化既包括活动场所内的美化，也包括与活动场所相关的通道和区域的美化，其目的也在于制造一种整体的喜庆欢乐氛围。

第三，主持人选。联欢类活动具有极强的娱乐性和互动性，活动的现场往往比较激情热烈，活动的性质也往往需要主持人能够跟得上甚至是去引导和激发这种热烈。因此，联欢类活动对主持人的选任具有极高的要求，一般要求主持人应有比较出众的外貌和口才，有较强的感染力和控制力，甚至要求主持人具备一定的幽默感和才艺基础。

第四，安全预案。联欢类活动极强的娱乐效果和互动效果往往会使场面高潮起伏，容易产生挤压碰撞等情形。同时，现场的绚丽灯光甚至是烟火，加之场地的封闭性和人数的众多，会有火灾隐患。因此，活动现场的安全问题必须得到深刻的重视，要做好安全预案。首先，对场地进行合理的划分，预留安全出入通道。其次，对入场的人数要进行控制，防止人满为患。再次，准备备用照明设备和必要的急救药品和物品。最后，设置专门的安全保障小组，在出现突发情况时，可以及时出动，引导疏散活动的参加人员，并与相关部门取得及时的联系，进行救援活动。

第二节　共青团联欢类活动策划七步法

第一步　创意

共青团联欢类活动创意的来源主要有以下几方面：

（一）青年交友的需求

青年时期是一个走上社会和走上成熟的重要阶段，在这个阶段中，青年群体有着强烈的交友需求。既希望找到学习、工作中可以相互帮助、共同进步的合作伙伴，也希望找到可以一起拼搏、同甘共苦的终身伴侣。针对青年的这一特别的需求，可以开展诸如K

歌、联谊舞会等联欢类的活动。

（二）青年娱乐的需求

青年群体是一个朝气蓬勃、喜欢娱乐的群体，唱歌、跳舞是青年们比较喜欢的活动类型。

（三）传统文化和节日

传统文化和重大节日的庆祝活动是联欢类活动创意产生的另一个重要的途径和依据。比如元旦晚会、中秋晚会、五四晚会等。

（四）相关工作的安排

由于联欢类活动的娱乐性和互动性效果较好，该类活动也被广泛地运用到党团政府工作、单位工作中去。比如，某团组织的建党××周年的汇报演出、某学校团组织组织的看望军训学子的慰问演出等等。

第二步　主题

联欢类活动的主题有活动纪念、节日庆祝、婚恋交友、青年联谊、汇报或慰问演出等。

联欢类活动的主题设置要尽量体现两个特性：其一，主题的提炼要体现"联"，即互动性和积聚性。其二，主题的提炼要体现"欢"，即娱乐性。

第三步　内容

构成联欢类活动的内容主体是各种节目、游戏、抽奖等。

（一）节目

1. 歌曲类节目

歌曲类节目是联欢类活动中最常见的类型，主要包括独唱、对唱、小合唱、大合唱等不同的类型。此外，现在各大联欢类活动中歌曲的联唱、串烧也会经常出现，往往还会收到比较好的效果。

2. 语言类节目

语言类节目往往是整个活动中比较容易出彩和引起笑点的节目。此外，语言类节目比较适合表演者根据单位的特点或活动的要求进行创造或改进，让节目更加贴近观众的现实生活。语言类的节目主要有小品、相声、双簧等几种形式。

3. 戏曲类节目

戏曲类节目在一般的联欢活动中并不多见，但一旦活动中出现戏曲类的节目，往往就会让人感觉到这场活动的内容是很丰富、具有一定层次的。此外，能唱家乡戏曲的人通常会受到格外的欢迎。

4. 舞蹈类节目

舞蹈类节目，尤其是比较火爆、劲辣、动感的舞蹈节目能充分地激发活动现场的激情和热情。因此，在整个活动的过程中适当穿插一些舞蹈节目能够使整个活动保持一个好的氛围。此外，这类舞蹈也往往用作开场，以带动现场的气氛。而那些优美的舞蹈则是提高活动层次的一个重要的砝码。

（二）游戏和抽奖

游戏和抽奖是活动组织过程中一个重要的调节项目。一个好的游戏或抽奖环节能掀起活动的高潮。比较适合在联欢类活动中组织的小游戏，一是要考虑活动场地、时间，二是能够活跃气氛。

第四步　形式

共青团联欢类活动主要采用的形式有：

（一）小联欢

这是一种以情感交流为目的而组织起来的较为轻松的聚会方式，适合比较小型的团体组织。活动的内容多种多样，可以是K

歌、游戏等等。

（二）文艺演出

文艺演出包括为纪念各种活动和节日的大型联欢会以及各种汇报或慰问演出，它是联欢类活动的典型代表。文艺演出是个系统性的活动，具有场面较大、参加人数较多、节目较多的特点。

（三）舞会

舞会，一般是指以参加者自愿相邀共舞为主要内容的一种文娱性社交聚会，是一种正式的跳舞的集会。参加者要穿着晚礼服等正装，整场舞会中很大的一部分由交际舞构成。在各式各样的社交性聚会当中，舞会是号召力较强、较受欢迎的。实际上，舞会也的确是人际交往，特别是异性之间进行交往的一种轻松、愉快的良好形式。在优美的乐曲、美妙的灯光、高雅的舞姿的相互衬托下，人们不仅可以从容自在地获得自我放松，而且还可以联络老朋友、结识新朋友，进一步扩大自己的社交圈。

第五步　方案

方案内容包括活动名称、活动主题、活动意义、内容、步骤等。

策划方案注意以下问题：

(1) 一般的小联欢活动秩序大概介绍一下即可。

(2) 文艺演出则应写明各个阶段需要完成的任务和流程表。尤其是彩排的次数和时间安排要事先预定好。

(3) 参加人员文艺晚会的演出时间较长，有些领导可能只参加一个开场或颁奖的环节，因此，会存在一些领导或其他部分参加人员中途到场或中途离场的情况，应加以注明，并设立专门的人员负责迎接和欢送。

(4) 联欢类活动，尤其是文艺演出和舞会，规模大，往往涉及

第九章 共青团联欢类活动策划方法

经费较多，也比较庞杂，应设立专门的经费管理人员，详细记录每一笔开支。同时，对每一笔开支要进行必要的审核。

（5）所需物资针对户外活动容易出现安全问题，活动组织者应特别准备必要的药品和安全物资。

（6）联欢类活动，程序多，因此在分工上一定要细致。应在组织机构之下设立灯光、音响、礼仪、场务等各个小组，将每一项工作都落实到人。同时要做好保障工作，设立突发事件保障小组。即一般应做以下安排：①总负责；②主持人；③节目征集和编排人员；④灯光；⑤音响；⑥物品采购；⑦现场布置；⑧礼仪；⑨现场秩序维护及安全保障。

第六步 实施

共青团联欢类活动的主要活动形式的具体实施有以下几方面：

（一）小联欢活动的实施

这一类型的活动往往规模较小，随意性也比较大。因而，活动的场面不大，参与者也不多，但气氛热烈、欢快，互动较为方便、深入。该类活动的实施只要有专门的一两个人负责即可。在活动的实施过程中要充分考虑每一个参加人的心理感受，尽量让每一个人都融入活动的激情中。

（二）文艺演出的实施

1. 准备阶段

加强宣传动员。文艺演出相对于一般的小联欢活动规模更大、更正规，其对节目的要求也更高。大力宣传动员的主要目的是让更多的人知道，从而前来观看。此外，在工作过程中，各级各类共青团组织的很多文艺演出活动往往都是面向青年征集节目。因此，加大宣传和动员的另一个目的就是鼓励和挖掘青年中才艺突出的人才，推出质量更高、更好的节目。

节目的编排和搭配要合理。文艺演出是各类节目的一个综合体，如何合理编排和搭配节目将直接影响到活动的整体效果。一般来说，应注意以下几个问题：（1）各类节目要穿插进行；（2）开场节目应根据主题选择感染力比较强的节目，以便奠定整场活动的气氛基础；（3）应适当地加入一些小游戏或抽奖环节；（4）活动的整体时间不宜过长，一般以不超过两小时为宜。总体来说，节目的编排要有起伏、有节奏。

主持人和串词要提前确定。该类活动主持人的选任具有较高的要求，一般要求主持人有比较出众的外貌和口才，有较强的感染力和控制力，甚至要求主持人需要具备一定的幽默感和才艺基础。此外，串词也一定要提前准备好。串词要生动、亲切、有趣味，可以抓住表演节目的特点，采用多种表达方式，引发观众的兴趣。

场地及物资要到位。文艺演出的场地布置应根据主题的需要布置，比如节日晚会就需要布置得红火一点儿、喜庆一点儿。此外，尤其要注意的是对灯光和音乐的调试，防止活动进行中出现意外。

进行必要的彩排。文艺演出是多个节目的集合，每个节目之间的连接十分重要，同时节目对场地、灯光、音响也有较高的要求，因此，一般的文艺演出都需要到现场彩排一下，有些大型的、重要的活动甚至需要多次彩排。

2. 实施阶段

（1）过程控制。要严格控制每个节目的时间以及各个节目之间的衔接。一般而言，每一个节目应在前两个节目之前就做好集合和出场准备。要设置1~3人专门负责与各个节目的演出人员的联系工作，防止演出人员不到位的现象。

（2）应急预案。文艺演出对现场的灯光和音响具有较高的要求，一旦出现问题便会影响整个活动的效果，因此，要加强这一方面的检查工作，同时要准备适当的备用资源，比如可以多准备几个备用的麦克风等等。

（三）舞会的实施

舞会的实施跟文艺演出一样，要安排好舞曲的搭配、布置好场地。同时对现场的灯光和音响也要给予特别的重视。舞会是一个比较高雅的活动，参与者在舞场之上均需检点个人的行为举止，注意自己的临场表现，遵守舞会的礼仪规范。对一般人而言，约束自己在舞场上的表现，主要是要注意修饰、邀人、拒绝、舞姿、交际五方面的基本问题。这里主要介绍一下修饰和邀人。

1. 修饰

参加舞会必须进行必要的、合乎惯例的个人形象修饰。要保持面貌的整洁干净，进行适度的化妆，男士务必剃须，女士在穿短袖或无袖装时须剃去腋毛。着装必须干净、整齐、美观、大方。有条件的话，可以穿格调高雅的礼服、时装、民族服装。若举办者对此有特殊要求的话，则须认真遵循。特别需要强调的有两点：其一，务必注意个人口腔卫生，认真清除口臭，并禁食气味刺激的食物；其二，外伤患者、感冒患者以及其他传染病患者，应自觉地不要参加舞会，否则不仅有可能传染于人，还会影响大家的情绪。

2. 邀人

舞会上，邀请他人与自己共舞一曲，是参加者必做之事。邀请舞伴时，最好是邀请异性。通常讲究由男士去邀请女士，不过女士可以拒绝。此外，女士亦可邀请男士，然而男士却不能拒绝。根据惯例，在舞会上一对舞伴只宜共舞一支曲子。接下来，需要通过交换舞伴去扩大自己的交际面。邀请他人跳舞，应当力求文明、大方、自然，并且注意讲究礼貌。千万不要勉强对方，尤其是不要出言不逊，或是与其他人争抢舞伴。邀请往往也是有顺序的，在较为正式的舞会上,根据舞会礼仪的规定,人们除了要与自己一起来的同伴同跳开始曲、结束曲,或是可以酌情自择舞伴之外,下列一些女士,也是男宾应当以礼相邀,共舞一曲的。她们主要包括:一是舞会的女主人;二是被介绍相识的女士;三是自己旧交的女伴;四是坐在自己身旁的女士。

第七步　总结

联欢类活动的总结要注意以下几方面:(1)活动流程的整体控制是否流畅;(2)时间上的把握是否准确;(3)现场的气氛或参加者的反应如何。

第十章 青少年小组活动策划方法

第一节 青少年小组活动概述

一、青少年与小组

俗话说"物以类聚,人以群分",相同的兴趣爱好也会使青少年形成不同的趣缘群体,有自发形成的,比如足球小组、唱歌小组、读书小组等;也有组织牵头形成的,比如团支部下面成立团小组开展各种活动,社区团组织引导青少年成立不同的兴趣小组开展活动,企业团组织引导青年成立青工技能小组;等等。在这些趣缘群体中,共同的兴趣爱好是这种群体结合的纽带,青年根据自己的需要扮演不同的角色,进行信息和资源的交换和互动。

这些以小组形式开展的活动对青少年身心成长成才具有重要的意义。一方面小组可以为青少年提供同伴增强的机会,同伴给予的经常性的多样的鼓励、赞许,远比成人给予的更强、更有效;另一方面,在小组活动过程中可以帮助组员学习到新的观念、行为,提升人际交往的能力,并为过渡到现实生活中提供良好的帮助和训练。

二、共青团小组活动与青少年小组工作

共青团小组活动主要的工作内容是围绕青少年发展和青少年问

题两大主题展开的，一般采用小组工作的方法，通过游戏、分享、角色扮演等方式来设计开展活动，互动性强，比如在一些纯说教的活动中加入小组工作方法的元素，增加活动的吸引性。

青少年小组工作是一个庞大的知识体系，限于篇幅，主要介绍青少年小组工作的一些基本内容及供共青团开展青少年小组活动借鉴的主要内容。

（一）青少年小组工作的概念

青少年小组工作又称青少年团体工作，是指以青少年为对象，运用小组动力程序与团体活动过程设计技术，使小组中的青少年达到社会性的发展、行为的改变，实现青少年个人与社会的和谐发展，进而促进整体社会中个人的全面发展和社会的进步。小组工作的优势在于结合青少年特殊的身心特点，借助小组同伴群体的力量，促进青少年身心健康成长，所以小组工作方法特别适用于青少年群体。共青团活动中运用小组工作的手法开展青少年小组活动，往往能取得很好的活动效果。

（二）青少年小组工作的特征

1. 为青少年成长成才提供空间和可能性。小组是一个社会的缩影，提供了一个人际交往的机会，小组成员通过小组互动活动，彼此分享讨论，可以学会更好地相互交流和沟通，提升社会交往、合作互助、解决问题的能力。

2. 强调小组组员的民主参与。在小组工作中，强调对小组组员的平等意识和民主参与精神，注重发挥每一位成员的现实价值和潜在价值，注重所有成员在参与过程中实现自我的改变和成长。

3. 注重团体的动力。小组是临时的社会团体，小组存在的价值在于组员问题的共同性或相似性，以及组员对解决问题的内在需求。因此，小组工作必然注重团体在解决问题中的发展动力，强调引导小组组员建立团结、互助与合作的关系，以便共同发现问题及其原因，共同寻找和梳理解决问题的办法，也为青少年提供行为改变的机会。

4. 强调目的性、计划性、过程性、互动性。小组工作是一项有目的的工作，它以组员的需求为基础，在小组工作者的带领下达到改善小组成员社会功能的目的。小组过程是通过程序设计而逐步进行的，体现了社工在需求、理论、程序等方面的思考和谋划，反映了社工的社会工作专业素养。同时，小组过程是小组产生动力的载体，小组工作者通过过程产生小组动力，让组员在小组过程中学习、改变。小组的互动性是小组工作方法的重要特征，互动游戏、分享、角色扮演等是小组工作的重要工作方式。

（三）**青少年小组工作的原则**

1. 对小组成员的个别性原则。个别性原则在青少年小组工作中的特殊意义在于工作人员必须认真了解团体中每一个成员的独特之处，研究他们的不同需求以及不同的问题。个别性原则不仅适用于对于介入方法的选择，而且要指导整个工作计划，包括对工作目标的选择。

2. 对小组的个别化原则。并非所有的小组都有一样的问题，相反，每个小组都是非常不同的，青少年小组无论大小，都会有不同的需求，团体内部也都会有不同的互动模式。社会工作者要采用不同的工作方式，针对不同的工作目标选择合适的计划。

3. 鼓励、调动小组成员积极性、主动性的原则。鼓励和调动小组中青少年主动、积极参与小组生活，这是青少年小组工作的重要原则，对工作的成效影响很大。

4. 调动小组成员参与冲突的原则。强调参与，特别是冲突的参与，这是小组工作的重要功能之一。青少年是最有活力的群体，使成员通过参与冲突去学习体验不同的解决问题的方式，对青少年成长的意义特别大，需要帮助和鼓励青少年以积极的态度去面对在团体中遭遇到的各种冲突，在解决冲突的过程中学习做人做事。

第二节 青少年小组活动策划七步法

第一步 创意

小组活动的创意来源于对青年需求、兴趣的了解，在小组中加入游戏元素，从游戏中引出活动目标，互动性强，符合青年特点。

第二步 主题

小组活动的主题有相互认识、环境适应、社会交往、增强自信、团队协作、职业生涯规划等。

虽然青年有很多相同的时代性和社会性特征，但是每个青年都是一个独特的个体，有其特殊性，在不同的工作学习环境中有不同的需求。很多情况下，团干部对青年的一般性特点会很了解，但是往往容易忽略对本团组织内部的青年的特殊性，不能完全了解他们多样化的需求。比如同是一个行业的青年，青年所处的地域不同，问题需求也不同。我们在运用小组活动的方法帮助青少年解决问题，满足其需求时，是基于对问题（需求）的评估而决定的。

小组的需求评估由资料收集—资料分析—提出小组活动方案三个步骤组成。主要通过访谈、问卷、量表、文献回顾、团组织资料查阅等方法收集问题及参加活动的青年的资料。然后对资料进行分析，在这个过程中，团干部要根据收集的资料判断青年的问题需求是否适合用小组活动的方法解决，确定活动主题和目标，制订切实可行的方案。

运用小组活动方法可以开展活动的主题有很多，比如相互认识、环境适应、社会交往、增强自信、团队协作、职业生涯规划等。这些主题的小组活动都反映了青年的需求和问题，团组织可以适当借鉴，比如新团员纳新会、民主生活会、思想学习交流分享活动、青年联谊活动、团组织凝聚力建设等活动。最终是否需要采用小组活动的方法，需要团干部综合考虑本团组织情况，青年情况，团干部自身时间、精力和技术，能够利用的各种人力、物力、财力资源等因素来决定。

第三步　内容

青少年面临着升学、就业、交友以及社会适应等多方面的问题，仅靠他们自我的能力是远远不够的。开展青少年小组活动，为青少年提供一个"小社会"形式的时间和空间，让每个人都能更好地认识自我、了解自我，提供自我成长的经验。在小组中通过相互提供支持和帮助，可以更好地促进青少年健康成长。同时，小组成员在小组中可以更好地相互沟通和交流，提高人际交往、合作互助、解决问题等各方面的能力。

结合我国的实际情况，青少年小组活动的重点内容主要为：

（一）协助顺利完成学业

主要是引导和帮助青少年更好地学习，激发青少年的学习动机，提高青少年的学习兴趣，帮助青少年树立正确的学习态度，增加青少年个体对学习的主动性、自觉性、独立性，进一步提高青少年的学习能力。

（二）道德及品格的辅导

主要是引导青少年培养良好的道德品质，提高自己的道德境界，发展自己的道德活动能力，增强社会公德感。

（三）社会交往

主要是培养青少年良好的交往动机、交往品质和交往能力，提高青少年的综合素质，比如人际交往能力、合作精神、正确认识自我等方面。

（四）就业辅导（职业生涯规划）

主要是对青年就业观、择业观等方面进行引导，提供就业训练等。

（五）环境适应

当到达一个新的、不熟悉的环境或原本熟悉的环境有改变时会使一个人产生不同的反应，会表达出或兴奋或好奇或害怕或讨厌或恐惧等一种或多种情绪。安全、熟悉的环境会让人有安全感，更喜欢表露自己。相反，人的自我保护意识会使青少年在不安全、不熟悉的环境下充满警惕、怀疑等不良情绪。环境适应的活动使青少年学会适应新环境，健康成长。比如外来务工子女的社会适应性问题一直被团组织所关注。

（六）身心健康

主要是辅导青少年了解和掌握其生理、心理发展的知识和技能，帮助青少年矫正身体和心理的缺陷。

（七）思想政治教育辅导

思想辅导的根本目的在于帮助引导青少年形成正确的世界观和人生观，形成对社会政治制度的正确看法，培养青少年正确的价值评价和思维方式。

第四步 形式

青少年小组活动通过游戏、分享、角色扮演等方式来体现。从内容来看，团组织设计活动可借鉴的主要有以下几种形式的活动。

（一）暖身破冰活动

一个参加团队活动的青少年群体形成之初，由于大家熟悉度不高或者完全陌生，团队成员相互熟识的过程比较慢。这时候通过有针对性的破冰游戏活动，能够迅速活跃氛围、放松情绪、促进交流、相互熟识，为后续的团队建立打下良好的基础。暖身游戏简单易操作，实效性高，可应用在学习培训课前、小组活动的开始阶段、联谊活动等，甚至在学生课间休息、餐时闲暇中都可以进行。

暖身破冰的活动可以分为两类：一种是活跃气氛的热身活动，有些活动还可以带出一定的主题。还有一种是快速认识的活动。传统相互认识的活动方式有成员的自我介绍、他人介绍或以纸笔进行的介绍等，这些方式易造成成员压力，而且也不容易记住。所以可以设计一些轻松、愉快、互动性强的相互认识的活动。比如"人名串串烧""人名大PK""我名我秀""抛绣球"等。

(二) 建立小组规范的活动

小组成员是存在个别差异的群体，通过协商、讨论建立小组规范，可以提高小组成员对小组的认同，体现民主和集中。这类活动设计可以以头脑风暴和互动讨论的形式形成小组规范。

(三) 催化性活动

催化性活动指有利于小组成员凝聚专注力和增强小组向心力，为小组创造和谐气氛的活动。活动设计应突出体验性、互动性和分享性，以激发小组动力，可以在小组活动开始时，作为与活动单元主题相关联的热身活动，也可以安排在小组活动过程中，增强小组凝聚力。如可以设计团队协作、缓减压力、环境适应、培养正确价值观等主题、内容的活动，如"巧解千千结""生命履带""同舟共济"等。

(四) 自我探索的活动

青少年在成长过程中，自我探索是必不可少的。自我探索的活动适合在活动的后期，小组成员间信任关系建立，可以有内心表露、深入交流的表达，在小组中成员互相支持鼓励，使青少年更全面、深入了解自己。这方面的活动设计可以由浅入深，比如"镜中我"到"生命河"等。

（五）人际互动的活动

人际互动就是人与人在心理和行为上的交往、交流，在社会生活中必不可少。同样在小组活动中人际互动也是不可避免的，这类活动的设计可以采取体验、分享、角色扮演等方式，如"与你同行""人际彩带"等。

（六）回顾分享的活动

回顾分享的活动一般是放在每个单元活动结束前十分钟，来做一个小结，在整个活动结束前对全程做个回顾和分享，引导小组成员把活动参与的过程与现实联系起来思考，积累经验。可以采取语言或互动的方式。

（七）祝福告别的活动

祝福告别的活动一般在活动结束阶段，目的在于让成员相互祝福与勉励并建立联系。一般而言，有效的小组活动结束后，小组成员会自发形成非正式的小组，以延续正式小组活动之后的互动。

在祝福告别活动方式的设计上，要动态而积极，可以准备告别的卡片或小礼物，营造愉快和心怡的祝福环境。

每种形式的活动设计什么节目需要考虑三个层面的问题：一是"什么节目"，即"What"；二是"如何表达"，即"How"；三是为什么要用这种节目，即"Why"。除了以组员需求及兴趣为依据，具体活动的选择需要考虑组员的年龄、性别、文化背景等。

第五步 方案

(一) 方案名称

每个小组方案设计都会有一个具体的名称。一般而言，我们会将某一方案称为"某某小组计划书"，比如青少年人际关系成长小组计划书、大学生生涯探索小组计划书。需要注意的是，方案名称要清楚明确，一目了然，通过方案名称，参加者能够对小组的性质和目标有清晰和概括性的了解。

(二) 活动时间

小组方案设计中的活动时间主要包括四个内容，一是整个小组活动的起止日期；二是小组活动的频率和次数，这里要考虑小组的性质和成员的年龄等因素，比如常规性的青少年小组活动可以是每周一次，总活动次数累计8次~10次；三是每个活动单元的时间，通常每个活动单元120分钟~150分钟；四是每个活动单元中每个预定活动的时间，具体时间因预定活动不同而有所差别，一般每个活动单元中的主题活动时间为60分钟~90分钟。

(三) 活动地点

活动地点在方案设计中要标示具体、清楚。另外，在活动地点的选择上，比较理想的地点要具有安全、舒适、非干扰性和足够活动空间等特点。

(四) 小组成员

小组成员即参加小组的对象，在方案设计中，对参加小组成员的条件要加以说明或界定，比如性别、年龄、教育程度、以往的小组经验等。

(五) 小组人数

在小组的人数上，虽然许多学者都认为，小组的大小会影响小组中成员的沟通，但在理想的人数方面，并未形成完全的共识。对于初学者或经验尚少的工作员，建议从5人~6人的小组开始，这样能保证小组活动安全、有效地进行。另外，为防止小组开始后可能有成员中途退出，不妨较预定人数多招募1名~2名，以保证小组顺利、实效地开展。

（六）设计理念

设计理念是小组活动设计的理论依据，是工作员对小组活动理论知识的理解和体现。在方案设计中，对设计理念的介绍要言简意赅、深入浅出、联系实际；同时，设计理念要通过活动方式落实，体现出现实效性和操作性。

（七）设计目标

小组目标是小组活动的指引和导向。从小组目标发展层次的角度来看，小组目标大致分为活动目标、阶段目标和总目标。无论何种发展层次的目标，在设计过程中均要把握明确、具体的原则，也就是说要用行为描述而不是"概念性"的叙述。一方面抽象、模糊的目标会使单元活动设计时无具体、清楚的方向可寻；另一方面会使小组效果评估时缺乏比较的依据。比如大学生人际关系成长小组的总目标可以是"协助成员探索人际关系中的问题，并且学习有效的人际沟通态度与技巧"，而不可以是抽象、笼统的"促进成员良好的人际关系"。另外，设计目标时，还要考虑小组成员的需要和他们的文化背景。

（八）活动内容

活动内容是指组成整体小组活动的每个活动单元详细而系统的预定活动，包括具体活动的名称、内容和操作过程、材料准备、家庭作业等。

（九）活动方式

活动方式是小组活动具体运作的体现，包括游戏、分享、角色扮演等形式。在方案设计中，对活动方式的说明要简要明了、浅显易懂。

（十）活动资源

活动资源包括开展小组活动的人力资源、物力资源和财力资源。小组方案设计时要根据实际情况清楚、条理地说明。

（十一）小组评估

小组评估主要是对小组目标和工作员效能的考核和检讨，通常使用的评估方法有问卷法、量表法和访谈法。另外，在小组评估的时间上，可以选择小组进行前、过程中及结束后实施。在评估的重点上，不同时间的评估也有所差异：小组进行前的评估注重小组目标的评估、成员特点的掌握及初始行为的评量；小组发展过程中的评估注重工作员对小组动力的觉察、小组目标与进度的掌握以及成员参与行为的分析；而小组结束后的评估则注重小组成效的评估、工作员效能的检讨以及成员行为发展的评量。

第六步　实施

一、实施过程

（一）小组前准备工作，包括需求评估，根据服务对象确定小组目标，招募组员、筛选组员；

（二）小组开始阶段，包括小组场地环境的安排与布置、组员相互认识、组员建立信任感、处理抗拒组员、自我评价等；

（三）小组转换阶段，包括处理防卫行为、处理问题组员、处理冲突和处理对工作员的挑战等；

（四）工作阶段，包括处理所有组员同时产生的强烈的情绪、其他问题等；

（五）结束小组，包括结束每次聚会、小组成员分手、继续评介与追踪、小组评估等。

在实施过程中，工作员需要灵活掌握青少年小组工作的一些技巧。

（一）组织青少年小组的技巧

组织青少年团体的技巧包括对青少年结群需求的把握，对青少年自发群体内部情况的了解、调动青少年结群的积极性、对于青少年群体里活跃和骨干分子的认识了解等，也包括适时实施组织活动，和青少年一起确立团体大小、团体目标、团体规则等内容。

（二）与工作对象建立关系的技巧

首先要认识和了解团体中的青少年、认识和了解青少年团体，这就需要细致科学地观察、评估每一个团体成员的需求以及面临的环境、每一个青少年与团体之间的关系、团体对每一个青少年的作用和影响、每一个青少年个性差异及发展的困惑与问题等。其次，要学习有效进行沟通的技巧。青少年间的沟通与成人的沟通有一定差别，也就需要很多细致的技巧，如在语言选择上要具备青少年的特点，尽量使用形体和情绪语言，使青少年感到亲切和温暖；调动青少年的兴趣，随时满足青少年的求知欲望和成功欲望；注重包括外在形式在内的情感环境的营造；精心设计青少年喜欢的活动，为每一个青少年提供在活动中参与和表现的机会；使用直接的、形象的、易达到的目标引导青少年，在目标追求中改变青少年间的关系；等等。另外，还需要针对青少年的特点，如在建立信任过程中要重视情感因素；在坚持工作者主流引导时要特别注意对于青少年的尊重；在与青少年间的亲切关系中保持必要的、由非权力因素形成的权威性；等等。

（三）领导青少年小组的技巧

对于青少年团体来说工作者是成人，因此在实际工作中有很多时候，社会工作者是以工作员的状态出现的。因此，领导青少年团体的技巧也是特别需要学习的。一方面要适度运用专业技能和权威，积极和主动推进团体的进程；另一方面还要特别尊重青少年的主体性和能动性，让青少年成为小组的主人。这里有个度的问题，需要工作员以自身的修养和经验来把握。

（四）介入小组冲突的技巧

在青少年小组中，冲突是青少年学习的桥梁。在青少年小组中，青少年的冲突是多种多样的，社会工作者要认真研究、什么样的冲突必须介入、如何介入青少年的冲突、怎样有效影响青少年的冲突过程和结果，等等。

第七步　总结

小组活动的总结通常是小组工作员填写小组活动记录表和对小组成员做评估。小组记录可以分为小组过程记录和小组总结记录。小组过程记录是详细记录每次活动的过程，小组工作总结记录是活动结束后对活动做的一次总结记录。

评估主要通过对小组成员进行访谈、填写评估量表、问卷等方式进行，包括对小组成员对活动满意度、小组成员自我参与情况等方面的评估。

第十一章 少先队活动策划方法

第一节 少先队活动综述

一、少先队活动的分类

少先队活动可以划分为三类：主题活动、阵地活动、队务活动。

1. 主题活动是有明确的教育目的、完整的教育过程、恰当的教育方法、良好的教育效果的少先队活动。主题活动包括单项活动和系列活动两类。

2. 阵地活动是以少先队建设的各种阵地为载体的少先队活动。突出少先队的特色，有条件的冠以"红领巾""少先队"的字样和队徽标志，强化少先队活动氛围。

3. 队务活动是进行队的组织教育以及处理队的日常事务所开展的工作和活动。

二、少先队活动策划的原则

少先队活动的策划应遵循以下四个原则：方向性原则、和谐性原则、三贴近原则以及创新性原则。

1. 方向性原则

少先队活动要为政治服务,为贯彻《中国少年先锋队章程》服务。少先队基本特性中的"政治性""教育性"是方向性原则的依据。少先队是党创立和领导的,是学习中国特色社会主义的学校,有着鲜明的政治属性。"听党的话""热爱中国共产党""优秀的少先队员可以由队组织推荐作为共青团的发展对象"等,被明确地写入队的章程。少先队活动策划要为实践这些政治性的要求服务。

2. 和谐性原则

少先队活动涉及五个要素:(1)辅导员;(2)少先队组织及队员;(3)活动目的、任务和内容;(4)活动方法;(5)环境和条件。

在开展少先队活动中,五个要素积极配合能使活动取得最大成效,使得活动效益最大化。辅导员的水平与素质,队员的状况与积极性的发挥,工作任务、内容的难易及针对性的强弱,活动方法的采用适宜与否,环境、条件的优劣状况,都会对活动效果产生影响。改善每个要素的状况,多方面努力才能提高活动效益。

活动中,五要素之间互相联系和制约,活动效能高低不仅仅取决于每个要素的改善,还取决于各要素间的互相适应情况。辅导员擅长组织活动,对活动内容很了解;活动内容符合队员的兴趣爱好和需求;活动内容可以充分利用当地的环境、条件的优势;活动方法适应内容的特点和队员的年龄特点等,都是符合活动五要素和谐性原则的具体体现。

3. 三贴近原则

开展少先队活动的三贴近原则是贴近实际、贴近生活、贴近未成年人,这一思想实际上表现在,活动内容和方法要符合少年儿童的生活实际和年龄特点。应用此原则,最重要的是注意活动方法,这是开展少先队活动的主题、核心和灵魂。在确定主题时要把大的、虚的口号，转化为"小、实、新"的活动主题，这样才能适应儿童身心发展特点和知识、能力水平，符合他们的兴趣爱好，真正做到从儿童思想、生活实际出发。

少先队活动主题中的"小、实、新"符合儿童接受教育循序渐进的客观规律；有利于儿童成为活动的主人翁；有利于活动深入有效地进行。在开展少先队活动中，我们要抓住典型的"小"，是共性寄寓在个性之中哲学原理在队活动中的灵活运用。我们都要以儿童为本，眼睛朝下，把上头的精神与下头的实际结合起来，策划活动主题首先要问一问儿童懂不懂、爱不爱、能不能实际操作、有没有新意。队活动从大处着眼、从小处着手、从实处做起，创出新意，是一种规律。只有这样做才能有效地克服成人化、概念化、简单化的弊端。

在实际运用中，"三贴近"原则指导少先队活动的策划，要重视从队员的学习、思想和生活的实际中挖掘主题，使队活动贴近他们的生活实际。

另一方面，我们在用"三贴近"原则指导队活动的策划时，要特别注意不同年龄队员的生理、心理特点、知识和能力水平。

只有当我们真正从孩子的实际年龄、兴趣爱好、知识基础等各方面实际情况出发，区别不同年龄特点策划队活动，才能真正策划出贴近儿童的少先队活动，为儿童所喜爱。

4. 创新性原则

随着社会的进步和少先队面临的新发展、新形势，要求我们策划活动的时候，要跳出原先的模式，探索更多适合少先队员的活动，紧跟时代的步伐。策划要有创意，要出新，策划活动的目的就是要使活动让队员们更喜爱，有着更好的教育效益，能够创造出新的工作经验来。一个好活动的策划和实施，实际是一种活动个案的小科研，同样要有"假说""如果我们怎么做、怎么做……就会怎么样、怎么样……"假说是解决问题的尝试性答案，预想性计划。"怎么做"就是创造性的行动，"怎么样"是所要追求的结果。少先队辅导员是有可能进行创造性的设计的，有三个依据：一是他们已经有了三五年的工作实践，有了一定的工作经验，这是基础；二是可以从别人的经验中得到借鉴和启迪，辅导员要善于学习，点燃心中创新的火炬；三是围绕活动主题和内容冥思苦想、奇思妙想，让创新性的活动设计浮出水面。

在活动策划的过程中，要多动脑筋，用辩证的思维方式考虑问题，从而真正发现孩子身上的闪光点、兴趣点，将更多做人、做事方面的知识教给他们，使得他们在进行活动的过程中，真正激发自己的创造性。

三、少先队的活动阵地

少先队的活动阵地建设是少先队工作的一个重要组成部分，是少先队组织实施教育的场所和手段，对少年儿童的全面发展有着十分重要的作用。

1. 少先队活动阵地的概念

少先队的活动阵地就是少先队的"小家务"，其内容包括队室、鼓号队、广播站、图书角、墙报、板报等。阵地教育活动是指由少先队组织和队员参与建设和管理的活动场所、工具及其相关组织的活动。

2. 少先队活动阵地的类型

少先队教育综合性的特点决定了少先队的活动阵地应该具有千姿百态，形式多样的格局。它们之间在教育目的上并非彼此截然分开，而是互相渗透，具有内在联系。然而，每一活动阵地总有其主要的教育目的。按照其主要教育目的的不同，可将活动阵地分为五种类型：

(1) 组织教育类阵地是为少先队组织事务服务的,如队室、光荣榜、"小刺猬"(专管批评的专栏)、队长学校、鼓号队(为队的仪式服务)、少年团校等。

(2) 宣传教育类阵地是对少年儿童进行基础的共产主义教育,让他们树立正确的理想和人生观,形成高尚道德情操。如手抄报、黑板报、广播台、电视台、网站、科技展览廊、红领巾角、图书箱、书画苑等。

(3) 兴趣社团类阵地是少先队科学技术、文化艺术、体育游戏等的兴趣爱好的社团组织和活动,主要是活跃和丰富少年儿童的文化生活,发展体力,培养健康向上、积极乐观的生活态度。

(4) 劳动实践类阵地是开展生产劳动、社会实践活动的场所及其组织,主要是引导培养少年儿童从小学会并掌握一技之长,了解和运用各种先进的科学技术。如小农场、桌面田、小饲养场、林荫道、小药圃、小果园、红领巾卫生街、"地球村"(环保组织)、福利院里的"小天使"(助老)等。

(5) 综合类活动阵地是在一个阵地里开展多种类型活动,带有综合的性质,把对少年儿童的德、智、体、美、劳等诸方面的教育融为一体,是培养全面发展人才的重要阵地。如暑期中举办的"儿童城"、夏令营、红领巾小社团等。

3. 少先队活动阵地的创新

少先队活动阵地的创新是少先队工作面临的一个新课题。队的活动阵地创新包括两方面:一是根据当代科学技术、社会生产和经济发展的特点,兴建一些在内容与形式上全新的活动阵地;二是针对新时期队教育的新形势、新观念、新内容,使传统的活动阵地发挥新作用。新的少先队活动阵地应该具备这样几个特征:一是实践性。有助于队员动手动脑,独立自主分析解决问题。二是超前性。考虑到未来社会经济文化和科学技术发展的因素。三是动态性。随着形势发展、社会进步,不断改造完善。

四、少先队活动设计

少先队活动是少先队教育的基本形式,出色的活动设计使少先队创造性活动成为策划的核心和亮点。每个人都能够创新,而一旦把每个人都组织起来,必将形成最伟大的创造力。少先队就是把少年儿童组织起来学习创新的大学校。设计和组织活动本身就是一种重要的创新实践。辅导员要做好少先队工作,在少先队事业上有所成就,需要一种科学的态度和创新精神。策划少先队活动是辅导员工作能力,是辅导员综合素质的集中体现。

少先队活动设计思路:

关注社会发展,对接上级工作精神,结合学校德育重点,抓住教育活动主题,密切联系少先队员实际。

1."新",有新意,具有时代的气息;

2."深",有深度,从队员的实际出发,反映生活实际,解决实际问题,有助于培养队员兴趣爱好、智力能力,提高素质,发展个性;

3."活",生动活泼、形式多样,不拘一格。

可以说,少先队活动就是要融兴趣性、知识性、思想性于一体,少先队活动搞得好,将有力促进德育工作,使德育工作具有时代性、针对性、实效性。

成功的少先队活动是怎么"想"出来的呢?

(1)研究信息,掌握各种信息,因势利导运用信息使之为设计的活动服务。

(2)了解队员,了解他们的思想、心理、兴趣、个性等,使设计的活动能受到队员们欢迎,大家乐于参加。

(3)善于捕捉,一句话、一种提示、思维的一个闪念等,及时抓住创造的灵感。

（4）博采众长，使设计的活动更丰富、更充实。

（5）仔细推敲，不仅考虑活动的总体，如目的、内容、方法，还要推敲各种细节，如活动名称、口号等，使设计的活动"跳一跳"。

（6）不断总结，把握活动规律、运用规律，提升活动的质量。

第二节　少先队组织管理活动

一、入队活动

少先队组织是广大少年儿童的摇篮，学龄初期一、二年级的儿童向往胸前佩戴红领巾，成为一名光荣的少先队员。因此，在此阶段对他们适时地进行队前教育，对少先队基础建设的加强，对少年儿童的全面发展和进步能起到事半功倍的良好效果。

1. 塑造形象

新生开学后，高年级要和他们结成手拉手班级，选派优秀的队员到低年级班级进行辅导帮助。要求高年级队员戴红领巾，衣着整洁，活泼热情，体现少先队组织对新生的爱护和关心，塑造良好形象。

2. 发出邀请

以少先队大队委员会的名义，向新同学发公开信，提出希望和要求，告诉他们少先队开展的活动，扩大少先队组织在新生中的影响。

3. 讲坛授业

由大队委到新生班级进行授课，讲解内容：我们的队名、少先队光荣历史、我们的标志——红领巾、我们的队旗、我们的队礼、我们的呼号、我们的队歌、我们的誓词、我们的活动等。方式可采用看录像、组织竞赛等。

4. 发展队员

由新生班级的学生评议、老师提名、大队考核三方面完成。确定发展队员后，班级、学校要用广播、宣传栏宣传进行鼓励。

5. 入队仪式

选择在大队开展主题教育活动的一个主要阶段，在节日或建队日进行入队仪式，仪式规范、热烈，基调激昂向上。

6. 跟踪反馈

做好对新队员的调查跟踪，入队前入队后有无进步、有无变化，针对不同情况及时进行教育，让新队员接受帮助。

二、选举活动

少先队干部根据队章的要求，每一学年选举一次，一般在新学期或新学年开始时进行。队干部都是由队员竞选产生。

1. 少先队干部的选举办法

（1）选举前，首先由各位队员自我推荐，然后由中队推荐确定大、中队委员候选人。

（2）中队委员候选人在选举前要编一份小报自我介绍。

（3）召开选举大会，先由上一届队委会总结工作，并请队员提出批评意见，然后由候选人进行竞选演讲，最后进行选举，一般采取无记名投票的方式和差额选举的办法。

（4）选举次序：一般是先进行大队委员改选，然后再进行中队委员的改选，最后选小队长。

2. 少先队干部的轮换

（1）队干部的任期一般不超过一年，任期满后，没有特殊情况不应再连任。

（2）鼓励更广泛的孩子参与，可以让孩子自我推荐，还可以采取自我介绍等方式进行适当竞争。

（3）轮换后要保留一部分老队干部，以便新老接替。

（4）对新的队干部要及时培训，特别要帮助他们加强为人民服务的意识和思想，并给予适当的技能培训，使之更快适应工作。

3. 队干部的选举

（1）中小队委员的选举

由中队队员民主选举产生，每半年或一年选举一次，每个队员都有选举权和被选举权。中小队委员可直接选举候选人，队员们可通过以下五种方法来了解候选人的情况：①出墙报介绍候选人事迹及情况。②利用广播，由各中队派代表介绍候选人的学习、思想品德、工作、特长等。③由中队长或辅导员向自己中队介绍。④邀请候选人与中队队员见面，并请他做自我介绍。⑤自己中队组织几个小组主动到其他中队介绍情况，经班级大会通过后便正式当选。

（2）大队委员的选举

大队委员由每两年召开一次的全体少先队代表大会选举产生。参加会议的队员代表由各中队选举产生，通过邀请候选人与大家见面，并做自我介绍及竞选演讲和之前张贴的墙报，使代表对候选人增进了解，届时进行大队委员的换届改选工作。在大队辅导员的指导下，由组委会成员组织会议日程，安排会议内容和形式，由大队主席做工作报告，以民主、自主的精神展开。

（3）队干部候选人的产生

队干部必须经过少先队员民主选举产生。民主选举是选拔干部的一条基本原则，也是队员民主权利的充分体现。

大（中）队在选举过程中，要让每个队员都能充分发表意见，提出合适的候选人；大（中）队可组织评议会或采取"民意测验"的办法，为队员创造发表个人意见的机会，使队员真正行使民主权利。根据广大队员的意见，队委会拟出新一届委员会的候选人名单，交给全体队员再充分酝酿，提出意见。

大队委员候选人确定后，可以采取以下几种形式，让更多的队员了解他们。选举前用队报介绍候选人情况，刊登候选人的竞选演讲简况；利用少先队电视、广播介绍中队推选的候选人情况；组织队员对候选人进行访问、交谈；用集会、座谈等形式，让候选人与队员见面。在广泛、反复讨论的基础上可召开大、中队长联席会议，通过一个正式的候选人名单。

中队委员会改选，由于候选人与队员经常生活、学习在一起，互相了解，程序较简单，可以在选举时直接由队员提名候选人，然后选举，授标志。

少先队干部候选人的产生可采取推荐和自荐等多种形式。推荐即由队员提名，自荐即队员自己按照大、中队委员会各委员的任职条件，认为合乎条件，可以自我推荐。自荐者首先必须在所在选区（中队或小队）内通过提名，如果得到中、小队大多数同学赞同，可以进入第二轮工作考核，获胜者则成为大、中队队委的正式候选人。

（4）投票选举的方式

选举一般采取等额选举和差额选举两种形式。等额选举就是当选人和候选人的名额相等。差额选举就是候选人数多于应选人数。差额选举，可以使参加选举的少先队员在选举中对候选人有所选择，这样有利于发挥少先队员当家做主人的精神，同时，充分体现选举人的意志。

召开选举大会是少先队员选举干部的会议形式。选举大队委员会时，人数少的大队可以召开全体队员大会，举手选举；人数较多的大队可以用投票选举方式，计票后公布结果；也可以召开少先队代表大会，由少代会代表进行选举；根据儿童的特点，可以将选票改成小红花、红豆等（进行花选、豆选），由队员直接投放在候选人面前，由总监票人公布选举结果。

公布结果后，产生新一届委员会，由辅导员把队委标志授给新选出的队长和队委；队员代表祝贺新一届队委员会成立；新的队委发表就职演讲，以鼓舞队员共同搞好少先队的工作和活动。会上还可邀请辅导员、校长讲话，鼓励新队长、队委努力工作，创造更好的成绩。

选举中队委员会可以采用投选票形式，也可以举手表决。

（5）少先队辅导员在选举工作中应注意的问题

在少先队选举工作中，辅导员要帮助队员做好选举的筹备工作，首先要讲明选举队干部的条件及队干部的意义，积极帮助队员酝酿候选人。但切忌指定候选人或给予提示，一定要尊重队员的民主权利。

第三节 少先队队日主题活动

一、队日主题活动设计要求

1. 队日主题活动要求

（1）少先队队日主题活动标准

领导重视：领导重视，组织严密，有计划、有实施、有总结，经费、政策保障到位。

主题鲜明：要求鲜明、突出，能够从某一侧面反映改革开放以来祖国现代化建设所取得的伟大成就,反映少先队走过的历程,展现一代代小主人在星星火炬的指引下茁壮成长。

内容丰富:要紧密结合少先队特点,内容翔实生动,以小见大,采取少先队员乐于接受的方式,切忌空洞说教。

构思新颖:结合本地实际,体现学校特色,表现形式生动活泼,视觉效果好。

活动效果:少先队员广泛参与,在少先队中产生一定影响力,并对少先队员有积极的教育意义。

(2) 少先队活动特点

教育性,就是把教育贯穿在少先队活动的始终,即体现在队活动的每个环节上。学生通过活动,知道自己就是未来建设祖国的接班人,并因此而努力学习。

实践性,就是不局限在学校和课堂,要引导队员接触社会,接触大自然和接触现代科学技术。

自主性,就是指队员在活动中自己出主意、做决定、办事情,当家做主。即做到计划自己定、活动自己搞、办法自己想、决定自己做,自己管理自己,自己教育自己。

趣味性,就是要注重多样化。一个题材可以有不同的内容,同一个内容可以从不同的角度表现。

创造性,就是开展小制作、小发明、小创造系列活动,使队员勇于探索,敢于创新的创造精神。

2. 在策划设计过程中,需要理解两个关系

(1) 班会与队活动关系

班会课重在解决学生的思想、学习和生活中存在的各类问题,议事性强,还具有突出性和突发性,主导者一般是班主任,它的方法或教育过程一般是提出具有共同性和指导性的议题,而后组织学生开展评论、讨论,帮助学生提高认识,形成对学生的教育。

而队活动，突出点就是活动，活动是少先队组织的生命力。其次，它有特殊的形式和标志，即队会程序，队员要佩戴红领巾，主导者是队员，有自己的独特性（教育性、实践性、自主性、趣味性和创造性），活动的每一个环节都有着极为深刻的教育内涵。

因此，在设计队活动时，一定要突出少先队活动的特点，因为两者是有很大区别的。

（2）特色活动与队日活动关系

少先队特色活动是指少先队组织在特定的时代背景、地理环境、人文氛围、校园文化中，开展的别具风格、独具特色的活动。这些特色活动体现时代要求，利用地域优势，在教育内容、方法和途径等方面有独到之处，走出了自己的路子，显示了自己的风格，产生了自己的影响，具有强烈的"特色"的特点。设计时是一个总方案，而且这个方案包含活动理念、活动目标、活动原则、活动方式、活动资源、活动的操作模式、活动评价、活动成果展等，它的实施是通过系列的队日主题活动来实现的，是经过长时间来实施的，并在实施的过程中不断地修正，最后才体现它"特色"的特点。

二、少先队队日主题活动设计

1. 基本结构（活动目的、活动准备、活动过程）

2. 考虑以下几方面

主题：符合教育目标，针对学生实际。

内容：要紧密结合少先队特点，内容翔实生动，以小见大，采取少先队员乐于接受的方式，切忌空洞说教。

形式：结合本地实际，体现学校特色，生动活泼、新颖，有创意。

成员的主动性：成员在活动中有分工、有角色；充分发挥成员的创造力和积极性（队员活动岗位50%以上，参与率100%）。

效果及影响：活动后队员满足了需要，或丰富了知识，或增长了才干，或培养了兴趣，或开阔了眼界，或提高了思想认识水平，等等；得到了伙伴、家长、社会的好评。

第四节　少先队科技活动

一、科技活动方案的种类

科技活动方案要体现科技活动的培养目标、科技活动的原则、科技活动的内容安排。科技活动方案一般有以下两种：

1. 整体科技活动方案：一所小学要有一个整体科技活动计划，一般是一个学年有一个大体的计划，一个学期有一个详细的科技活动计划；一个科技社团要有一个整体科技活动方案的设计思路，每个学期要有具体的科技活动方案；一个年级活动课程要有整体计划，每个学期要有整体科技活动方案。

2. 一次科技活动的方案：每次科技活动都要有科技活动方案，这个方案要十分具体。

二、整体科技活动的思路

1. 整体活动目标的确立

设计科技活动方案的第一步是确立科技活动的目标，科技活动的目标既要符合总的科技活动的培养目标，又要具体可行。整体科技活动的目标，一般以这项活动的教育结果——小学生在这项活动里的收获来表示。

2. 整体知识背景的研究

要确定科技活动的整体方案，就要对相关的知识背景材料进行研究，例如，要编写计算机科技活动的设计方案，就要收集计算机科技资料、研究本校的计算机设备情况，选择计算机软件，了解计算机网络情况。

3. 整体小学生情况的调查

要确定科技活动的整体方案，就要对整体小学生的情况进行调查。例如，某小学对学生科学素质进行调查的结果是操作能力比较差，该校就把本学年的科技活动重点确定为培养操作能力，并且拟定了一系列的活动措施。

三、科技活动方案的设计

1. 活动目标的具体化

每一次活动都要有具体的活动目标，活动目标要具体化，切实可行。

2. 知识背景材料的搜集

知识背景材料就是有关科技活动的科学知识、技术知识和技能的材料，是教师要掌握的内容。知识背景材料的搜集和研究，是设计活动方案的前提，科技活动方案的设计能否成功、对科技活动能否进行成功的辅导，很大程度上取决于活动之前的教师和科技辅导员对知识背景材料的搜集情况、对有关知识背景材料的理解情况。

3. 对参加活动的学生的调查研究

在设计科技活动方案的时候，要对活动参加者的情况进行调查研究，作为设计活动方案的依据。

4. 对物质条件的调查研究

科技活动要使用器材、设备、工具、制作材料……有的科技活动要到一些地方进行观察和考察，采集标本……在开展科技活动前，要对这些物质条件进行研究和调查，以防措手不及。

5. 活动内容要点的制定

制定科技活动的内容要点是设计科技活动方案的关键，也是科技活动方案成功与否的关键。在确定了活动目标、搜集了知识背景材料、调查了学生情况、研究了物质条件以后，活动内容要点的制定就有了准备。

6. 活动方式方法的制定

科技活动的方式方法是灵活多样的，每次活动都可以不一样。

四、科技活动的方式

1. 个人活动

个人活动是青少年科技活动的主要方式。这是符合教育性原则、自主性原则和兴趣性原则的。青少年科技活动中的许多项目是要求或需要学生单独完成的。

2. 科技社团活动

科技社团是青少年科技活动的主要组织形式，社团活动是科技活动的基本活动方式。中小学生科技社团可谓是五花八门，多种多样。按活动内容分，有多种项目、多种学科的科技社团、研究社团、学科社团。按活动水平分，有普及小组、提高社团、骨干社团等。按组织系统分，又分别有教育系统，科协系统，体委系统，团、队系统，妇联系统，以及大企业、村委会、居委会等组织的各种社团。

3. 群众活动

青少年科技活动中的群体活动，一般是指参加人数较多、宣传影响广泛的活动。有些群众活动还对个人活动、社团活动和班级活动有示范和导向作用。群众活动有普及活动和示范活动两种。普及活动主要有科学月活动、科技周活动、科技夏令营（冬令营）活动、科技博览会、科普报告、科技主题班（队）会等。示范活动主要有科技竞赛、科学讨论会、科技讲座、参观、访问等。

4. 班级活动

班级活动是科技活动的重要形式，它虽然以教学班为单位进行活动，但是它遵循科技活动的规律，不属于学科课程的班级授课制。

小学班级科技活动的类型主要有：①趣味型活动；②探究型活动；③实践型活动；④专题型活动；⑤竞赛、展示型活动；⑥"四个一"活动（每人每月看一本科技图书，每人每月收集一两个生活中科学小常识，每人每学期完成一两件科技小制作，每人每学期写一两篇科技小论文）；⑦操作型活动。

五、科技制作活动

1. 科技制作的三个层次

（1）使用技术。主要反映一般的操作和维修技术（它的载体是使用说明书、规程和设备本身）。

（2）方法技术。主要指设计和工艺方法（它的载体是技术图纸和标准、工艺及试验规程等）。

（3）原理技术。主要指基础性的技术资料和经验（它是方法技术的基础）。

技术的层次对我们组织科技制作活动会有启发，科技制作活动也遵循人类技术活动的规律。

2. 小学科技制作活动的三个层次

（1）照图施工式科技制作。由科技制作的设计人和厂家设计生产出科技活动器材和图纸，写出说明书，由小学生利用现成的器材，按照说明书介绍的制作方法进行操作。这种科技制作对培养小学生的操作能力十分有效，有的制作着重培养操作的准确性，有的着重培养使用工具的能力。

（2）有所改革式科技制作。由科技制作的设计人和厂家设计生产出科技活动器材和图纸，写出说明书，但是图纸和说明书都留有余地，小学生可以对制作进行改革、组合，自己制作出形形色色的作品。有的只是提供器材和参考图，完全由小学生自己设计作品，例如积木式制作、拼接式制作。这种科技制作不但对操作能力的培养有利，而且能激发儿童的想象力、创造力。

（3）有所创造式科技制作。把科技制作的目标、条件交给小学生，让他们自己设计、自己找材料、自己制作作品。这种制作体现了技术活动的过程：为了社会的需要（制作目标），在头脑里先产生"技术原子"，然后开始进行把自然物改造为人工物的活动。这种科技制作活动对于培养小学生的科技意识、思维能力、操作能力、观察能力、创造能力都是十分有利的。

小学低、中、高年级都可以进行以上三种科技制作，关键是活动的设计要适合各年级的水平。

3. 小学科技制作活动形式与方法

（1）可以先进行漫画欣赏（应用两幅相似的图进行对比，如云和羊），讲解相似联想的作用，然后让学生自己来进行相似联想的练习。教师可让学生在课桌上先画，然后在黑板上画四个图形让学生来补画，谁想到新的谁就上来画，越多越好，集思广益，加深学生对联想的认识。

（2）在四幅图中添画，先让学生们各自思索去画，然后逐幅问谁添画了什么，各自报告，看谁添画得最恰当有趣。

（3）"小明上学"是相近联想的训练，需要在许多物件中找出与小明有关的事件。只需要用线连接，教师在画之前要讲明"相近联想"的意思。此外也可以说"钢"，让大家联想（如回答铁轨、桥梁、钢盔、炼钢工人等）。

新时代共青团活动策划实例

第一节 共青团活动策划实例

【实例1】"五四"表彰大会活动方案

××大学纪念五四运动××周年暨"五四"表彰大会

一、活动主题

纪念"五四";表彰先进

二、活动背景

1919年5月4日,巴黎和会上中国外交失败的消息传回北京,青年学生纷纷涌上街头进行游行,点燃了反帝爱国的火苗,运动逐渐呈现燎原之势,最终在中国大地上掀起一场革命斗争,五四运动由此载入史册,成为一面象征中国进步青年先进精神的旗帜。光阴荏苒,多年后的今天,"五四"精神所包含的"爱国、进步、民主、科学"依然是这个时代所要弘扬的主旋律,是青年人必须继承的光荣传统。

三、活动目的

为了在我校青年中倡导、树立正确的爱国主义精神,理解"五四"精神的内在含义，激励青年学生继承和发扬"五四"的光荣传统，增强学校广大青年团员的社会使命感，培养开拓创新、锐意进取的精神风貌，形成崇尚先进、学习先进、争当先进的良好风气，我校团委会决定召开纪念五四运动××周年暨"五四"表彰大会，表彰在共青团工作中表现突出的团组织和个人。

四、举办单位

主办单位：共青团××大学委员会

五、活动时间及地点

时间：20××年4月29日14：30—17：00
地点：××大学报告厅

六、参会对象和会议规模

（一）参会对象

受表彰的优秀团组织、团干部和团员，共青团××大学委员会、学生会负责人以及共青团××大学各学院委员会、学生会负责人。

邀请学校领导和相关职能部门负责人列席会议。邀请的领导和嘉宾名单如下：

1. ××大学党委书记×××
2. ××大学校长×××
3. ××大学党委副书记、副校长×××
4. ××大学党委副书记、纪委书记×××
5. ××大学学生处处长×××
6. ××大学党委宣传部部长×××
7. ××大学校团委副书记×××
8. ××大学各学院党委书记、院长

（二）会议规模

××人左右。

七、会议安排

（一）前期准备

1. 4月15日　各学院团委上报评优材料及优秀团组织、团干部和团员的名单

2. 4月18日　审核上报的材料，确认表彰的名单

3. 4月20日　公布获表彰名单

4. 4月21日　申请表彰大会场地，落实会议表演节目

5. 4月22日　确定参会名单，打印和发放会议通知

6. 4月25日　邀请学校领导和嘉宾参与表彰大会

7. 4月26日　购买大会相关物品

8. 4月28日　对活动场地进行设备调试，进行现场彩排，各现场负责人熟悉工作

9. 4月29日　上午9点表彰大会会场布置，并进行最后的设备调试

下午1点50分开始进场

（二）大会流程

1. 参会对象在报告厅门口签到处签到并进场按座次安排就位，2点15分奏响迎宾曲，领导嘉宾在礼仪人员的引导下进入会场。

2. 主持人就位，致开场白并介绍到场嘉宾，会议正式开始。

第一项：全体起立，唱团歌，唱毕全体坐下；

第二项：校党委书记发表主题讲话；

第三项：校艺术团表演"五四"主题诗朗诵节目；

第四项：由校团委副书记宣读《××大学共青团"五四"表彰

决定》，表彰开始；

第五项：奏颁奖曲，主持人分批宣布获奖名单，由与会各领导为获奖的组织及个人颁发奖项并合影纪念；

第六项：由获奖同学代表发言；

第七项：主持人宣布20××年度"五四"表彰大会结束；

第八项：奏送宾曲，欢送领导和嘉宾离席；

第九项：组织同学有序退场。

八、会议任务分工

会议筹备工作由校团委书记负责，由校团委学生会、各学院学生会抽调人员参与准备工作。

1. 策划方案拟订由校学生会主席负责。
2. 表彰名单审核由校团委组织部部长负责。
3. 嘉宾邀请及会议文件打印由校团委办公室负责人负责。
4. 文艺节目筹备由校团委文艺部部长负责。
5. 大会用品采购由××大学校学生会财务部负责。
6. 宣传材料印制由××大学校团委宣传部部长负责。
7. 会议现场布置由××大学校学生会学科部、体育部部长负责。
8. 会议后勤保障由学校后勤部负责人负责。
9. 会议礼仪迎宾由学校礼仪队队长负责。
10. 会议新闻摄影由××大学电视台负责人负责。

九、会议宣传

1. 会议前一周在校园网首页、微信公众号、抖音、快手等媒体进行新闻宣传。

2. 会议前一周悬挂宣传横幅并在学校广场设置主题展板宣传长廊，展板内容为五四运动相关知识背景介绍和各获奖组织或个人的先进事迹介绍。

3. 会议当天上午在广场上开展"继承光荣传统，弘扬五四精神"签名活动。

十、经费预算

序号	项目名称	单价（元）	数量	合计（元）	备注
1	证书				
2	邀请函				
3	信笺纸				
4	嘉宾牌				
5	矿泉水				
6	宣传横幅				
7	场地设备租借				
8	文件袋				
9	电池				
10	签字笔				
11	机动款项（用于不确定支出，多退少补）				
12	合计				

十一、奖项设置

1. 市级优秀团干部×名

2. 市级优秀团员×名

3. ××大学"五四"优秀共青团委员会×个

4. ××大学优秀共青团支部××个（每个学院×个，共××个学院）

第十二章 新时代共青团活动策划实例

5. ××大学优秀共青团干部××名（每个学院×名，共××个学院）

6. ××大学优秀共青团员××名（每个学院×名，共××个学院）

共青团××大学委员会
年　月　日

＊点评

该实例并不复杂，但亮点明显：（1）简明扼要，能够抓住重点，抓大放小，围绕一个主题不动摇，活动宗旨明确。（2）环节设置突出了会议的严肃性和时代性，政治色彩鲜明，有自己的特色。（3）方案考虑周全，详略得当、粗中有细，分工明确、责任到人。（4）会议时间安排紧凑、有节奏，时间也比较明确，有利于工作有序进行。（5）资金预算十分详细，有利于有计划有分寸地花销，也便于核实和审查，十分有条理。

【实例2】校级学生组织干部培训策划书

××学院校级学生组织干部培训策划书

一、培训目的

作为学生干部，应具备良好的组织管理能力、协调能力、社交能力、创新能力、应变能力等。为了进一步提高学生干部思想政治素质、政策理论水平、创新实践能力和组织协调能力，我们将加强对干部的教育、培养和管理，通过团组织召集学生干部进行素质培训，努力提高学生干部的思想修养、工作能力并改善学生干部的知识结构，把干部培养成德才兼备的复合型人才，不断增强学生干部组织的创造力、凝聚力和战斗力，努力培养和造就一支政治坚定、作风过硬、素质全面的高校学生干部队伍。

二、培训对象

校级学生组织副部级以上学生干部

三、培训时间

20××年3月26日至4月18日

四、具体流程

(一) 专题讲座及交流会

1. 学生干部素质讲座

目的：以本次学生干部培训为契机，引导我校广大学生干部牢固树立正确的世界观、人生观和价值观，努力提高学生干部的思想修养、工作能力，并改善学生干部的知识结构，切实增强广大学生干部的政治意识、模范意识和责任意识，提高个人素质，解决基层学生干部组织中存在的突出问题。

培训人：校团委书记

培训对象：校级学生组织副部级以上学生干部

培训时间：3月31日（周三）下午1：30

培训地点：××××

培训内容：

（1）树立良好的学生干部以身作则的意识；

（2）合理安排大学生学习、工作、生活之间的关系；

（3）动员学生干部积极参与干部培训。

2. 管理讲座

主题：培养管理型学生干部

目的：增强学生干部的组织管理能力，增强学生干部的工作统筹能力，提高学生组织工作的效率，培养造就一支管理有序、工作有力的学生干部队伍。

培训人：校学生会主席

培训对象：校级学生组织副部级以上学生干部

培训时间：4月7日（周三）下午1：30

培训地点：行政楼多媒体报告厅

培训内容：

（1）管理机构设置；

（2）管理经验介绍；

（3）管理层与学生干部的交流。

3. 新老学生干部交流会

主题：风雨后的成长

目的：为新老学生干部创造交流机会，促进双方交流，增强学生干部素质，提高工作能力，加强团队意识，丰富工作经验。

时间：4月7日（周三）晚上6：30

地点：××××

交流人：校级学生组织干部

交流内容：

（1）初入社会的经验；

（2）学习上的经验教训；

（3）学生组织工作上的经验；

（4）对职业规划的建议。

4. 社联职能部门及社团主要干部交流会

目的：使社联与社团之间的工作能够更好地衔接，以便于社联能够更好地管理下属社团。

时间：4月10日（周三）晚上6：30

地点：××××

交流人：社联职能部门与社团会长、副会长

交流内容：

（1）学生组织工作上的经验；

（2）如何合理构建社团，有序开展社团活动；

（3）为社团更好地发展提供宝贵意见。

（二）素质拓展培训

目的：开展素质拓展活动，以便于更好地培养学生干部的应变能力、组织协调能力，增强其心理素质、体能素质及团队意识。

将所有参与培训的学生干部平均分为两组（除社联、社团外）。

1. 培训对象：第一组

培训时间：4月10日（周六）上午8：00

培训地点：素质拓展基地

2. 培训对象：第二组

培训时间：4月10日（周六）下午1：30

培训地点：素质拓展基地

（三）专项职能培训

1. 礼仪培训

目的：使学生干部理解现代礼仪文明，掌握人际交往中的基本礼仪，塑造良好的个人形象和职业形象，了解和掌握现代礼仪和商务礼仪的知识和实务。

培训人：旅游职业学院老师及本校礼仪团

培训对象：校级学生组织副部级以上学生干部

培训时间：4月14日（周三）下午1：30

培训地点：××××

培训内容：

（1）商务礼仪（如酒桌文化、会议礼仪）；

（2）求职礼仪（如面试礼仪、着装、谈吐、举止）；

（3）公共礼仪（如待人接物、日常生活）。

2. 宣传培训

目的：结合各组织上学期培训的内容，提高学生干部的宣传能力，同时学习相关知识与技术，为各组织自身良好发展奠定基础。

培训人：校刊编辑部

培训对象：校级学生组织宣传部门及相关工作人员

培训时间：3月31日（周三）晚上6：30

培训地点：××××

培训内容：

（1）手绘海报制作技巧；

（2）海报制作技巧的提高；

（3）图片处理技巧。

3. 办公交流会

目的：使学生组织提高办公效率，培养高素质综合文秘人才，掌握办公室文件归类与整理的技巧，了解系统化的办公技术。

对象：校级学生组织综合秘书处及办公室等相关部门

时间：4月8日

地点：××××

内容：

（1）办公室文件归类与处理；

（2）办公软件相关技术。

五、活动时间流程表

3月31日	下午1：30	专题讲座一
3月31日	晚上6：30	宣传类PS、Office专项培训

(续表)

4月7日	下午1:30	专题讲座二	
4月7日	晚上6:30	新老学生干部交流会	
4月8日	晚上6:30	办公交流会	
4月10日	上午8:00	第一组进行素质拓展训练	
4月10日	下午1:30	第二组进行素质拓展训练	
4月10日	晚上6:30	社联、社团主要干部交流会	
4月14日	下午1:30	对校级组织学生干部进行礼仪培训	
4月18日	上午8:00	对社联职能部门及社团进行素质拓展训练	

六、干部培训预算

项目	数量	单价/元	总计/元
笔			
本子			
文件袋			
会议用水			
会议花			
红纸			
杯子			
用品总计			

共青团××学院委员会
年　月　日

＊点评

此实例内容丰富，其亮点有：(1) 针对性强，围绕培训学生组织干部这一宗旨，组织一系列会议，并根据主题选择不同类型的会

第十二章 新时代共青团活动策划实例

议活动、讲座、培训会、交流会等活动形式多样、内容丰富、目的明确、切实可行，全方位、多角度地推动学生组织干部素质提升和能力提高。(2) 策划并没有复杂的内容，结构清晰明了，内容准确，对活动真正起到了提纲挈领的作用。(3) 所运用的多种培训方式可供共青团工作借鉴，此实例体现出的小切口、多发散的思维模式，是青年工作的良好思路。(4) 会议活动动静结合、学习与思考并存，倾听他人与发出自己的声音并重，在启发中学习，并充分创造了青年喜闻乐见的方式方法，收到了良好的效果。(5) 会议时间安排非常详细认真，保证了会议的整体秩序。

【实例3】"十大杰出青年"评选活动方案

第×届××市"十大杰出青年"评选活动方案

一、宗旨

开展××市"十大杰出青年"评选活动，旨在宣传和表彰在我市乡村振兴建设进程中做出突出贡献、取得突出业绩、体现时代精神风貌的青年典型，树立当代××杰出青年的光辉形象，在全社会进一步优化青年成长成才环境，激励广大青年刻苦学习、扎实工作、服务社会、建功成才。

二、评选机构

1. 此次评选活动，由共青团××市委员会、××市青年联合会、中共××市委组织部、中共××市委宣传部、××市人事局、××日报社、××晚报社、××人民广播电台、××电视台共同主办。

2. 成立由主办单位主要领导组成的"十杰"评选活动组织委员会，全面负责评选的组织领导工作。

3. 组委会将邀请市有关部门领导、相关专家学者组成"十杰"评选委员会。

4. 组委会下设办公室，设在团市委统战部（市青联秘书处），在组委会领导下负责实施评选活动的具体日常工作。

三、参评条件

1. 年龄在 18～45 周岁，在××生活、学习、工作的青年（不受国籍、户籍限制）。

2. 热爱中国共产党，热爱社会主义祖国，拥护党的基本路线和方针政策，理想坚定、勤于学习、创新实践、勇于开拓，是广大青年志存高远的榜样。

3. 积极投身乡村振兴建设，努力践行习近平中国特色社会主义思想，为××市经济与社会各项事业发展做出突出贡献，是广大青年建功成才的榜样。

4. 遵纪守法、品德高尚、热心公益、甘于奉献，是广大青年修身立德的榜样。

5. 已当选历届全国、省、市"十杰"者不再参加此项评选。

四、评选办法

1. 此次"十杰"评选活动采取各级党团组织、青联团体会员自下而上推荐的方法产生预备候选人，同时接受有突出贡献的青年自荐。组委会办公室将对自荐者进行资格审定和实地考核，经组委会研究确定预备候选人，并予以公示。

2. 评选活动组委会将组织社会公众通过网络对正式候选人进行投票，并组织评委会成员、市青联主席办公会议成员分别对正式候选人进行投票。投票结果采取加权平均办法统计处理，具体加权系数为：网络投票 0.2，市青联主席办公会 0.3，评委会 0.5。

3. 将投票结果加权统计后排序，提交评选活动组委会最后确认产生第×届××市"十大杰出青年"。

4. 网络投票以××新闻网为载体开展。

五、评选步骤

第×届××市"十大杰出青年"评选活动分候选人推报、确定、投票选举和表彰四个阶段进行。具体实施步骤如下：

1. 候选人推报阶段（3月12日至3月30日）

3月初，下发评选活动通知，同时新闻单位报道此次评选活动。候选人推报采取组织推荐与自荐相结合的方式进行。各推报单位要根据评选通知要求通过认真考察向组委会推报候选人。同时接受自荐。自荐参评的青年由组委会办公室负责与相关行业部门对其进行考核。推报和自荐的人选要严格按照要求准备材料，按时上报。于3月30日前，将所需材料上报组委会办公室（团市委统战部）。

2. 正式候选人确定阶段（3月31日至4月8日）

组委会办公室对所有候选人的推报材料进行汇总审核，将符合推报要求的人选提交组委会。推报材料不齐或不符合要求的人选将被取消参选资格。组委会召开第一次会议，通过评委会成员名单，并根据推报人选的事迹情况，综合考虑人选的地区、界别结构和行业结构分布等因素确定20名正式候选人，通过新闻媒体向社会公布。

3. 投票选举阶段（4月9日至4月22日）

对确定产生的20名正式候选人，通过媒体介绍其简要事迹，进行为期一周的网络投票及社会公示，同时召开评委会和市青联主席办公会，分别进行投票，统计投票结果。公示期间如遇异议，由组委会办公室负责与推报单位进行核实，在评委会和市青联主席办公会投票前，将核实情况向组委会汇报，由组委会酌情处理。

4. 确认人选，进行表彰（4月下旬）

召开评选活动组委会第二次会议,根据统计结果确认第×届××市"十大杰出青年"人选,并于适当时间举行颁奖仪式,进行表彰。

六、奖励办法

1. 主办单位授予当选者××市"十大杰出青年"称号,并颁发奖牌和证书。

2. 主办单位对其他 10 名候选人授予××市"十大杰出青年"提名奖称号。

七、具体要求

1. "十杰"评选推荐范围广,包含全市各个领域和行业,望各区市县团委,各市直单位团组织,市青联各团体会员、各界别委员会及驻连部队,武警××支队,中直和省直驻连单位给予高度重视,切实加强领导,责成专人负责,确保评选活动的参与面和影响面。

2. 在推报(自荐)候选人的工作中,要坚持择优原则,所推荐(自荐)的人选应是本地区、本系统成绩最优秀、贡献最突出、在青年中最具有影响力的代表人物和杰出青年,并在广大青年中产生较大影响的人选;着重考虑扎根基层、工作在第一线,并具有较强示范性的人选;着重考虑具有鲜明时代特征,并能在广大青年中形成强烈导向的人选。

3. 各单位推荐的"十杰"人选要尽可能照顾到不同行业和女性及少数民族青年代表。

4. 各单位推荐的"十杰"人选必须经同级党委讨论并附具体意见。

5. 推报的人选是企业经营者(法人代表)的,须提供企业法人营业执照(副本)复印件、税务部门出具的企业利税指标证明和具有法律效力的企业资产规模评估报告书;赞助社会公益事业的,须

第十二章 新时代共青团活动策划实例

提供书面证明。对所有提供复印件的证书或证件的原始证明，推报单位要严格进行审查、核对。

6. 每位候选人需准备如下材料：（1）候选人推荐表；（2）以报告文学或人物专访形式撰写的 2000 字左右的详细事迹材料；（3）1000 字左右的事迹简介；（4）300 字左右的事迹新闻稿；（5）本人身份证、毕业证书、学位证书和事迹材料中涉及的奖项证书的复印件，以上材料统一使用 A4 纸制作 30 份并装订成册，其中包括正本 3 份，复印件 27 份，均需本人签字、工作单位审核盖章，并提供所有文字材料的电子版；（6）近期二寸彩色标准照片 5 张、五寸彩色工作照片 2 张。

7. 候选人推荐表，请登录××新闻网下载。

8. 各单位所推荐的候选人不超过 2 名，务必于 3 月 30 日前将所有材料上报评选活动组委会办公室，逾期不报视为自动放弃。

组委会办公室联系人：×××

联系电话/传真：××××

邮　　箱：××××

地　　址：××××××

邮　　编：××××××

共青团××市委员会
年　　月　　日

*点评

该实例简明扼要，覆盖了评选类活动所涉及的方方面面，其亮点如下：（1）评选机构设置严谨、组织合理，有信服力，能体现公正、公平的原则。（2）参评条件和参选步骤清晰明了，描述具体准确，体现了一定的透明度，有利于群众的监督，表现了严明的工作作风。（3）活动的具体要求考虑周到，思想全面，体现了整个活动的规范性和有序性。

【实例4】"五四青年标兵"评选活动方案

××大学"五四青年标兵"评选活动方案

为纪念五四运动××周年,激励我校广大青年学生继承和发扬"五四"精神,值此"五四"青年节到来之际,学校决定选树一批思想积极向上,学业成绩优秀,在科技创新、校园文化和社会实践活动中取得突出成绩的青年学生,作为学校"五四青年标兵",展现我校青年学子的风貌,引领青年学生成长成才。

一、评选范围

凡我校在册的全日制本科生、硕士和博士研究生均可参加评选。

二、组织机构

1. 评选领导小组

组　　长:×××

副组长:×××　×××

组　　员:×××　×××　×××

2. 工作办公室

主任:×××

委员:×××　×××

三、评选条件

申报××大学"五四青年标兵"的学生,必须满足下列条件:

第十二章　新时代共青团活动策划实例

（一）认真学习马克思列宁主义、毛泽东思想、邓小平理论、"三个代表"重要思想、科学发展观、习近平新时代中国特色社会主义思想，学习党的路线、方针、政策和决议，学习党的基本知识，学习科学、文化、法律和业务知识。热爱中国共产党、热爱祖国、热爱社会主义，拥护党的路线、方针和政策，能够代表五四运动"爱国、进步、民主、科学"的精神风貌。

（二）候选人按照三个类别进行推选，其中学术创新标兵十名，文化与体育标兵十名，道德与精神文明标兵十名。

1. 学术创新标兵评选条件

（1）本科生上一年度综合测评成绩应在班级排名前10%（一年级没有开展测评的同学依据必、选修课平均成绩排名），积极参加科技创新活动并取得突出成绩，荣获一等（含）以上科技创新奖学金或对等条件的个人。

（2）硕士研究生以第一作者发表SCI或EI收录论文，或者在中国科学引文数据库（CSCD）核心库来源期刊中，以第一作者在学科类别影响因子前十位杂志上发表论文两篇（含）以上；或以前三完成人身份参加科技项目并获得省部级以上奖励；或以前二完成人身份申报实用新型专利或发明专利并获得通过；对于确实具有重大突破意义和成果突出的论文、专著、发现、发明等，可在征求专家意见的基础上直接进入决赛。

（3）博士研究生以第一作者在我校相关学科领域顶尖杂志发表SCI或EI收录论文，或者在中国科学引文数据库（CSCD）核心库来源期刊中，以第一作者在学科类别影响因子前五位杂志上发表论文三篇（含）以上；或以前二完成人身份参加科技项目并获得省部级以上奖励；或以第一完成人身份申报实用新型专利或发明专利并获得通过；对于确实具有重大突破意义和成果突出的论文、专著、发现、发明等，可在征求专家意见的基础上直接进入决赛。

2. 文化与体育标兵评选条件

在国内外重大文体活动中取得突出成绩,为国家或学校赢得声誉,带动身边同学积极参与文体活动,荣获一等(含)以上文化活动优秀奖学金或特等(含)以上体育奖学金的个人。对于确实具有重大突破意义和成果突出的,可在征求专家意见的基础上直接进入决赛。

3. 道德与精神文明标兵评选条件

满足以下条件中的部分条件:有拾金不昧、见义勇为等个人突出事迹,长期从事志愿服务并做出杰出贡献,自强不息,能够体现出新时代青年学生的优秀品质和精神风貌,长期主动提供无私帮助,在学生中获得高度赞誉,在学生工作、社会实践等工作中取得突出成绩,荣获市级以上"优秀学生干部"荣誉称号或获得"社会工作一等奖学金",曾获得市级以上"社会实践优秀个人"并做出突出贡献的个人。

(三)除以上要求外,本科生均要求上年度综合测评成绩应在班级排名前50%(一年级没有开展测评的同学依据必、选修课平均成绩排名),研究生均要求无课程不及格现象(课程成绩不低于70分,学位课程不低于80分,以加盖研究生院成绩公章的成绩单为准)、发表科研论文一篇(含)以上。无违纪违规行为。

(四)候选人推选比例按照本科生、硕士研究生、博士研究生在册学生比例划分,男女比例适当,同等条件下中共党员、少数民族学生优先。

四、评选办法

1. 评选时间

4月20日启动,5月4日公布名单并颁奖。

2. 候选人产生办法

（1）4月20日发布评选方案，各候选人通过自荐，另附个人说明一份（2000字~3000字，可带照片）向学院申请参加评选；

（2）4月23日，各院分团委在分党委、学生工作组、研究生工作组的指导下，开展公开答辩或匿名评审的办法，按照学院人数的1.5‰进行候选人评选，采用四舍五入的计数方法，不足1人的补足1人，推选院级候选人参加校级评选；

（3）4月24日，经评委会对候选人资格进行审查，初评出30位正式候选人。

3. 评选程序

（1）4月24日，所有候选人参评资料上网；

（2）4月24日至4月29日，学生记者对所有候选人进行采访报道；

（3）4月28日8点至4月29日22点，对所有候选人进行网上投票；按照得票多少折合为30分计入总分；

（4）4月30日由学生处、教务处、研究生院、团委等部门组成的专家组对所有候选人进行评分，按照评分多少折合为70分计入总分；

（5）5月4日，举行颁奖典礼，对各项专家评分、网上得分综合成绩前十名的青年标兵进行表彰，其余候选人获得提名奖。

五、"五四青年标兵"权利

1. 获得学校颁发的"五四青年标兵"荣誉证书及奖章，并在档案中记录；
2. 优先推荐参加团中央、团市委组织的相关活动；
3. 共青团员优先推荐入党，党员优先推荐参加党校学习；
4. 相同条件下优先推荐保送免试攻读硕士研究生，或优先推荐就业；

5. 优先推荐参加校外学习交流。

六、"五四青年标兵"义务

1. 配合进行个人先进事迹宣传，起到模范带头作用，引导全校的学风校风；

2. 在学校、学院学生代表大会做个人先进事迹报告至少一次；

3. 到校内班会进行主题报告或参与沟通交流至少三次；

4. 服从组织安排，代表学校参加团中央、团市委等组织的活动；

5. 不断努力，继续开创个人成就新局面，并接受学校每年度的跟踪调查研究，主动向学校汇报个人新进展，及时更新个人通信方式。

七、纪律要求

（一）候选人提交的材料必须真实有效，一旦发现参评材料不真实将立即取消候选人资格，并上报学院予以相应处罚。

（二）候选人在评比期间可以展开成功经验介绍等宣传、演讲活动，宣传与演讲方案需上报校团委批准后执行，此外不得有任何形式的拉票活动，一经发现将立即取消其候选资格。

（三）候选人进行宣传活动时，团委将根据各参选人的材料统一以展板的形式进行宣传，禁止横幅、海报等浪费资源且不利于成功经验宣传推广的方式。

共青团××大学委员会
年　　月　　日

*点评

该方案内容严谨、描述具体，是一个颇具代表性的优秀评选方案。其亮点是：(1) 评选条件详细严谨，清晰明了，体现了活动的规范性和严密性。(2) 活动时间安排准确合理，有一定的周密性，落实起来也有据可依，能保证活动的有序进行。(3) 明确说明了"五四青年标兵"的权利与义务，在表彰的同时也提出了要求，有利于参选者自我规范，也为校内学生树立了努力的方向。

【实例5】团建工作调研方案

××市团建工作调研方案

为深入了解全市团组织建设和团干部队伍建设的基本情况，积极探索团建创新工作的新途径，全面活跃我市基层团的组织，团市委决定于近期在全市开展团建工作专题调研。

一、指导思想

以党的二十大和团的十九大精神为指导，全面贯彻落实上级团组织有关会议精神，按照团组织覆盖全体青年、团的工作和活动影响全体青年的要求，扎实推动全市团的组织建设和团干部队伍建设，切实增强团组织的吸引力、凝聚力和战斗力，促进基层团的工作全面活跃。

二、调研范围和主体

本次调研范围涵盖各县、区和市级机关、企事业单位等基层团组织，包含农村、城市社区、党政机关、事业单位、国有企业、"两新"组织、高校与高职校、科研院所等类别。

三、调研方式

(一) 听取汇报（各地各单位团建工作开展情况汇报材料）；
(二) 查看资料（团建工作台账资料）；

（三）实地考察（团建创新工作示范点）；

（四）发放调查问卷；

（五）召开座谈会（各地各单位共青团工作分管领导、基层团组织负责人和青年代表）。

四、调研时间

20××年12月中旬，具体时间另行通知。

五、调研提纲

（一）乡镇（街道）

团组织班子建设情况和团干部享受政治待遇情况；落实党建带团建的具体情况；服务大局和服务青年工作开展情况；团阵地建设情况；活动开展及经费情况；团员的发展和管理情况；团委书记列席同级党委会情况；基层团组织规范化建设及城乡统筹团建相关工作开展情况；产业、协会建团情况；团费收缴情况；团建工作中遇到的主要困难、问题、建议和工作思路。

（二）村（社区）

坚持党建带团建情况；团组织班子配备情况；团员队伍教育管理情况；活动阵地建设情况；流动团员管理情况；优秀农村青年人才队伍建设情况；团的工作制度建立情况；基层团组织规范化建设情况；团费收缴情况；团建工作中遇到的主要困难、问题、建议和工作思路。

（三）国有、集体企业

团员青年人数；团干部配备及享受政治待遇情况；团组织设置及活动阵地情况；团的活动开展及经费情况；团委书记列席企业党委会情况；基层团支部作用发挥情况；企业定期研究团的工作情

况;团组织规范化建设情况;团费收缴情况;团组织在企业重点项目建设中作用发挥情况;团建工作中遇到的主要困难、问题、建议和工作思路。

(四)"两新"组织

团员青年人数;团干部配备情况;团组织设置及活动阵地情况;团的活动开展及经费情况;团组织服务于青年职工成长成才情况;团组织服务于企业发展情况;企业主及党组织对团组织工作认可情况;团组织规范化建设情况;团费收缴情况;团建工作中遇到的主要困难、问题、建议和工作思路。

(五)机关事业单位

团员青年人数;团组织设置情况;团干部配备及享受的政治待遇情况;团的活动开展及经费情况;团组织规范化建设情况;团组织在单位重点工作中作用发挥情况;团费收缴情况;团建工作中遇到的主要困难、问题、建议和工作思路。

(六)高校、高职校

团干部配备及享受政治待遇情况;基层团组织建设情况;团组织在学生思想教育及其他重点工作中作用发挥情况;团委书记列席校党委会情况;团员人数及所占在校生比例;团员的发展、管理、输送工作情况;"推优"工作开展情况;团费收缴情况;学生社团发展、管理情况及会员人数;活动阵地建设情况;活动开展及经费情况;团建工作中遇到的主要困难、问题、建议和工作思路。

(七)科研院所

团员青年人数;团组织设置情况;团干部配备及享受政治待遇情况;团的活动开展及经费情况;团组织规范化建设情况;团组织在科研、科技成果转化中作用发挥情况;团费收缴情况;团建工作中遇到的主要困难、问题、建议和工作思路。

六、调研分组

组成由团市委书记室牵头,团市委委员、候补委员共同参加的调研组分赴各县区团委、团工委检查调研,随机调研部分机关、企事业单位、科研院所、"两新"组织、高等院校的团建工作。

七、相关要求

1. 各县区、各单位团组织要高度重视此次调研工作,切实端正态度,确保各项数据反映真实。

2. 主要负责同志要充分发挥本次调研的主体作用,真正扑下身子,下到基层支部,深入广大团员青年,摸清底数,切实了解掌握基层组织建设的实际情况。

3. 调研结束后,团市委和各相关团委要写出具名撰写调研报告,为推动全市团的工作打下坚实基础。

共青团××市委员会
年　　月　　日

＊点评

对团建工作情况的调查可以更好地检验团的工作成效,探索团建创新工作的新途径,是每个共青团组织都可以且应该进行的工作。该实例采用问卷调查、召开座谈会、实地考察、查阅资料等多种调研方式,在调研内容上根据不同系统的团组织列出了不同的调研提纲,针对性较强,有较高的参考价值,各地基层团组织开展同类调研时可以根据自己的实际情况进行补充或调整,便可以形成一个较好的调研方案。

【实例6】 共青团主题教育活动知识竞赛策划书

××学院团委关于共青团主题教育活动知识竞赛策划书

一、活动目的

总结主题教育阶段的学习情况，让广大团员通过参与竞赛，了解更多的党团知识，进一步明确新时代对团员的基本要求，进一步明确共青团员在营造良好校风、学风中的积极作用，切实增强团员先进性意识。

二、活动时间

11月5日（周六）

三、活动地点

团委学工部五楼

四、组织单位

主办：××学院团委

承办：××学院学生马列研究会

五、活动具体步骤

（一）校内宣传

1. 书面通知学院各团支部本次知识竞赛的相关事宜。
2. 在学生宿舍放置宣传板及相关海报。
3. 在学院所属公众平台发布知识竞赛相关信息。
4. 邀请较有影响力的网站记者，报道此次知识竞赛的相关内容及情况。

(二) 比赛前期阶段

1. 比赛前一周下发通知,各专业选出由三名同学组成的参赛队。根据本次理论学习内容以及其他知识资料做好充分准备。

2. 比赛前三天上交各队参赛选手名单。

3. 邀请人员

（1）邀请院团委书记出席本次比赛。

（2）邀请院分团委其他团干担任本次比赛评委。

4. 设备准备

话筒、抢答器、计分牌及灯光音响等准备齐全。

5. 题目准备

题目源自《中国共产主义青年团章程》及其他相关知识资料，本着增强广大共青团意识的目的，题目应与团员们的生活贴近，适当丰富一些。

6. 奖品准备

本次比赛设一、二等奖各一个，三等奖两个，优秀团体奖一个，最佳组织奖一个。

(三) 比赛阶段

1. 比赛程序

（1）各参赛队入场。要求各参赛队及观众提前 25 分钟入场，比赛前 15 分钟必须入场完毕。

（2）主持人致辞。

（3）各代表队参赛队员入场。

（4）评委及嘉宾入场。

（5）主持人宣布比赛规则并介绍各代表队后，各代表队用 10 秒钟的时间自我介绍。

（6）比赛环节。共分必答题、抢答题、风险题三个阶段，每个阶段之间穿插节目。

（7）评委点评。

（8）宣布获奖名单并请嘉宾进行颁奖。首先颁布优秀团体奖和最佳组织奖，最后颁布比赛大奖。

2. 比赛规则

（1）本次知识竞赛分必答题、抢答题、风险题三轮进行。比赛采取分数累加制，竞赛将根据各代表队总分设一、二等奖各一名，三等奖两名，优秀团体奖一名，最佳组织奖一名。如出现两队以上积分相同的情况，由抢答题决定最后名次。

（2）代表队须选出三名选手参赛，要求统一服装。

（3）各参赛队伍可组织20名~30名助威团成员，各代表队助威团须坐在指定位置并保持安静，比赛过程中的纪律等表现将作为评选最佳组织奖的条件。

3. 比赛详细程序

主持人发言（包括本次知识竞赛的目的、大致流程、计分安排）。
注：在每轮比赛前主持人事先说明比赛规则及计分规则，说两遍。
比赛流程：
第一轮：自选部分
本轮的赛题分为六组，每组设一个小标题。
规则：

（1）每组题中的每道题分值相同，均为10分。

（2）选题顺序由抽签决定，答对的小组可得到该题的分数，但若答错，除不能得分外，还要倒扣10分。然后由获得答题权的小组选择下一题所在类别。本轮答题，每一题的思考时间不得超过一分钟，如超过则视为自动放弃，累计三次者倒扣10分。

（3）若在答题过程中，该小组无法给出答案，可选择放弃，其他组可以抢答。

（4）该轮共设 30 道题，分数最高的小组胜出。

（5）本轮获胜小组派出代表发表体会和感想。

注：每组均有一个计分牌将分数显示出来。（安排一个礼仪小姐随时过去翻分）在所答的错题中选择三题向在场的观众提问，回答正确的观众可获得精美小礼品一份。回答不出的题可由在场的评委为大家稍微提示一下，实在回答不出就由专家为大家解释。

主持人发言：对获胜的小组表示祝贺，对暂时落后的小组表示鼓励，说明一下本次活动的重点不是要大家分个高低，而是希望大家通过这样的一个形式学到更多的知识，开阔自己的眼界。

第二轮：抢答

本轮的题目由主持人预先安排。

规则：

（1）由主持人说出题目，当主持人说"开始"后才可按抢答器，否则取消本次答题资格。

（2）在规定的操作方式下，先按抢答器的选手取得答题权，本轮思考的时间不得超过 30 秒，否则视为自动放弃，累计三次者倒扣 10 分。

（3）答对一道选择题得 10 分，答错则倒扣 10 分。

（4）每组基本分为 100 分，参赛小组中任一组得分达到 200 分时抢答结束，该轮的得分保留到下一轮。

（5）本轮获胜的小组也派代表发表感想和体会。

（6）穿插娱乐节目（知识小游戏等）。

注：同第一轮一样，在所答的题中选三题向在场的观众提问，回答正确的观众可获得精美小礼品一份。回答不出的题由在场的评委、专家为大家提示或解答。

主持人发言：总结前两轮比赛的情况并过渡到第三轮。

第三轮：风险题

本轮题型为选择题。本轮题目分 A、B、C 三类，A 类每题 10 分，B 类每题 20 分，C 类每题 30 分。由参赛选手选择题目难度并由主持人随机抽取问题。答题时间 A、B 类为 20 秒，C 类为 30 秒。回答正确加相应的分数，回答错误倒扣相应的分数。注意：在选择题目难度时，各参赛队选手有 5 秒钟的时间商议要选择题目的难度，在回答问题时也可相互讨论，但在回答完毕后不得更改。

注意事项：

（1）参赛过程中各参赛队不得携带任何与比赛有关的材料入场，中途不得更换队员。

（2）各参赛队必须无条件遵守比赛规则，服从竞赛结果，各队如对比赛结果产生异议，则以评委的评判为准。

（3）各队要文明比赛，不得在比赛场上发表任何与赛题无关的言论，否则予以警告，直至取消参赛资格。

（4）知识竞赛结束，评出冠军并颁发礼品。

（5）请冠军队伍派出代表发表感言等。

（6）请团委书记对本次大赛做一下简短的总结。

（7）团委副书记宣布大赛结束，欢送各位评委和嘉宾。

活动经费预算：

（一）宣传费

1. 横幅一条××元

2. 海报四张××元

3. 宣传板一块×元

（二）组织费

1. 场地费

2. 证书：七个

3. 其他：包括印刷及打印若干（10 元）、矿泉水一箱（24 元）等

4. 现场场景布置费：背景+一些鲜花装饰+评委标志牌，共×元

总计：×元

××学院团委

20××年10月19日

*点评

该实例的典型特点是详尽完整，覆盖到活动的各方面，抓住活动重点，详略得当，具体而言，有以下亮点：（1）该竞赛主题选择较好，将普及党团知识的目的和青年人喜闻乐见的竞赛形式相结合，并采取具有趣味性的比赛方法，将学习和娱乐相结合，不失为一种很好的活动方式。（2）竞赛流程介绍详细具体，包括规则介绍、出题范围、计分方法、注意事项等，一目了然，竞赛节奏张弛有度，有利于参赛者充分了解比赛内容和程序，进一步保证竞赛顺利进行。（3）赛前、赛中、赛后各项事宜安排得当，从细节到整体，考虑周到，有利于保证竞赛的有序进行。（4）实例的注意事项考虑得比较周到，预见到了竞赛中可能出现的意外情况，并强调了竞赛的纪律和规范，表现了竞赛的公正公平。

【实例7】经典诗文诵读大赛的活动方案

××大学团委关于经典诗文诵读大赛的活动方案

一、活动主题

经典诗文朗诵

二、活动目的

1. 提高同学们的语言表达能力，为同学锻炼自我提供良好的

机会；

2. 树立同学们锻炼自身表达能力的意识；

3. 更好地展示师范生的精神风貌。

三、活动时间

11月7日至11月21日

四、活动对象

2023级全体师范生

五、活动要求

1. 朗诵内容以传统经典和红色诗文为主，古典诗文篇目可在北京大学出版社《中华经典诗文诵读文本》中选取。

2. 师范生院系在自行组织比赛的基础上向教师教育学院上报1个~2个参赛项目，可以是单人、双人或集体朗诵。时间一般不超过4分钟。

六、活动流程

1. 在20××年11月12日前，各院系学术部部长学习诗文朗诵评分标准，充分理解评分标准和本次比赛的指导思想。

2. 院系初赛

①活动形式：2023级师范生自愿报名，院里组织朗诵比赛，并将最优异者推荐到学校参加比赛，每院1名~3名。

②活动时间：20××年11月7日至16日

③活动地点：各院系自定

④活动流程

a. 院系组织各年级报名；

b. 院系学术部组织各年级学术部长、参赛选手、参赛评委学习评分标准；

c. 开展比赛，并邀请相应校学科部副部长观看院系初赛。

3. 学校决赛

①活动时间：20××年11月21日

②活动形式：诗文朗诵比赛

③活动地点：报告厅

④活动流程：

a. 11月18日前各院系学科部长将推荐参加学校决赛选手的演讲作品发送至校学科部相应邮箱进行审核。作品需符合非原创、内容积极健康向上两项要求。若有配乐，也于11月18日前发送至校学科部相应邮箱。

b. 联系场地。

c. 活动前期宣传（广播台、海报、横幅、网络媒体）。

d. 邀请评委。

e. 比赛期间宣传（校宣传部、校外媒体）。

f. 比赛当日，选手提前半小时即13：30到场，抽签决定比赛顺序，对于错过抽签的选手根据到场时间按次序排在已抽签选手之后。开始比赛，选手演讲，每人朗诵时间控制在3分钟内，超过规定时间者酌情扣分。

g. 评委打分，宣布比赛成绩，确定15名优秀奖获得者以及一、二、三等奖获得者。

h. 后期宣传，请一等奖获得者到校广播台利用中午广播时间给全校学生做朗诵。

⑤奖品颁发

一等奖2名、二等奖5名、三等奖8名、优秀奖15名、优秀组织奖3名，颁发奖品和奖状，优秀奖只颁发奖状。

七、活动宣传

1. 校内网各大网站发布通知；

2. 横幅（挂于多功能报告厅前）；

3. 11 月 18 日前上交各院系初赛结果后，用海报将朗诵比赛决赛入围学生名单公示；

4. 承办院系画板报；

5. 楼栋宣传（入围参赛选手公布）；

6. 11 月 15 日至 20 日广播宣传，中午、傍晚各一次；

7. 11 月 21 日决赛邀请校内各媒体前往；

8. 11 月 22 日制作 KT 展板，将优秀选手的朗诵形象加以展示。

共青团××大学委员会

年　　月　　日

＊点评

该实例内容详尽、结构清晰、详略得当，其亮点主要有：（1）主题新颖，结合学校特色和青年需求丰富校园文化生活。（2）方案详细介绍，有层次有次序，值得借鉴。（3）该实例组织严密，各项目程序明确、内容有条不紊，前后张弛有度，节奏感强，整体安排合理而周到。（4）内容涉及该竞赛各方面，注明评选标准、参赛流程、注意事项等，详略得当。（5）文字恰到好处，使人一目了然、清晰可辨，指导性强。

【实例8】 趣味运动会策划书

××大学团委关于趣味运动会策划书

一、活动意义

趣味体育运动是一项将传统体育运动的竞技比赛和能引起人兴趣的趣味活动融合形成的一项新兴运动。它是介于体育运动及趣味游戏之间的一项趣味竞技相结合的社会运动,把趣味运动和同学们某方面的学习需求进行融合策划,使它同时融合了体育、文化、趣味、智力等元素,并增强了观赏性。

一方面它非常适合各同学联合开展活动,因为它比拓展训练更具趣味及凝聚力,能更好地把校园文化渗透到每个同学心中,增进同学与同学之间的亲密感,从中学会团队协作;另一方面它具有强身健体的作用,对于埋头学习或者游戏的大学生来说更具吸引力。它的竞技性、趣味性及观赏性带给同学们另一种新奇感受,容易形成兴奋、热烈、互动的气氛,能让同学们的综合能力得到进一步的锻炼。

二、活动名称

趣味体育运动会

三、活动主题

强国强体　共同参与

四、活动简介

(一) 活动时间

20××年11月26日9：00—11：00,14：30—17：30

（二）活动地点

田径场及篮球场

（三）参赛对象

各系一支代表队（每队16人）以及提前报名的个人参赛者

（四）比赛项目

集体赛：趣味接力赛、跳大绳、毽球、拔河、定点投篮、袋鼠跳、双人跳绳

个人赛：花样跳绳（分三个单项，分男女组）

企鹅漫步（分男女组）

自行车慢骑（分男女组）

三人四足（分男女组）

（五）参赛规则

集体赛由系体育部决定出赛人员，每支队伍16人

个人赛在校团委办公室接受报名

（六）奖励规则

1. 集体赛以系为单位，采取积分制，总积分居多的系队获胜，前6名将获得奖金：一等奖1名200元；二等奖2名各100元；三等奖3名各50元。

2. 个人赛采取积分制，总积分居多的队员获胜，前6名将获得奖金：一等奖1名100元；二等奖2名各50元；三等奖3名各20元。

五、比赛项目及规则

（一）集体赛

1. 集体赛——趣味接力赛

接力赛总赛程400米，共分8个挑战项目，每个项目的比赛距

离为50米，前一个项目运动员将接力绸带交给后一个项目运动员，后一个项目才能开始。各队以完成比赛的先后顺序计算成绩。

各参赛队伍分成3组进行预选赛，每组4支队伍，以时间先后排名。

（1）手足情深

参赛队员：每队1人

比赛规则：参赛运动员一手握一足，然后用单足跳的方式完成50米赛段。

道具：红旗一面、喇叭一个

发令员：2人

现场裁判：4人（全程跟随运动员）

（2）山路弯弯

参加人员：每队1人

比赛规则：参赛运动员在行进中要绕赛道中间的障碍物跑10圈，然后继续往前跑，完成50米赛段。

道具：凳子2×4

现场裁判（维持秩序）：2人

（3）宝贝新娘

参加人员：每队3人（一男两女）

比赛规则：比赛开始两名女选手双手交叉搭成"花轿"，一名男选手打扮成女生坐在"花轿"上，完成50米赛段。男选手如果落地，在落地处重新坐上"花轿"前进。

现场裁判（维持秩序）：2人

（4）齐心协力

参赛人员：每队2人

比赛规则：2名参赛运动员面对面用身体将一排球夹住，每人双手在背后交握，侧跑完成规定赛段，如果球落地，则要在球离开

第十二章 新时代共青团活动策划实例

身体处由裁判重新放球继续赛程。

道具：排球×4

现场裁判（维持秩序）：2人

（5）地道英雄（弯道）

参加人员：每队1人

比赛规则：参赛运动员在行进中钻过3个栏架，完成50米赛段。如果栏架翻倒，需参赛运动员扶起栏架并重新钻栏。

道具：跨栏3×4

护膝2×4

护肘2×4

现场裁判（维持秩序）：2人

（6）我是球星（弯道）

参赛人员：每队1人

比赛规则：参赛运动员后退运球完成50米赛段。行进途中不得持球跑，也不能双手触球。

道具：篮球×4

现场裁判（维持秩序）：2人

（7）过桥袋鼠

参加人员：每队1人

比赛规则：参赛运动员先越过跑道上设置的两座独木桥，然后用袋鼠跳跃方式完成后半程。

道具：长凳2×4

麻袋（麻袋上绘制图案）×4

现场裁判（维持秩序）：2人

（8）巨人脚步

参赛队员：6人，其中至少3名女运动员（分在两段）

比赛规则：分两段，每段25米，每段3人，参赛运动员踩在木板上前进，完成50米赛段。

道具：特制木板2×4

现场裁判（维持秩序）：2人

注：除第3、第8项比赛外，其他项目至少有一项参赛运动员为女性。

共需裁判20人。

时间安排：9∶15—9∶35　第一组

9∶45—10∶05　第二组

10∶15—10∶35　第三组

＊计分方法：第一名为12，依次为11、10、9、8、7、6、5、4、3、2、1。

2. 集体赛——跳大绳

参赛队员：16人

道具：大绳3条，秒表3个

现场裁判：6人（每队2个）

共7男7女，各支队伍选出2人执绳，限时两分钟，记录成功跳过的人次，多者获胜。（每人每次都要轮到）

时间安排：9∶30—9∶35　第一组

9∶40—9∶45　第二组

9∶50—9∶55　第三组

10∶00—10∶05　第四组

＊计分方法：第一名为12，依次为11、10、9、8、7、6、5、4、3、2、1。

3. 集体赛——毽球

参赛队员：6人

道具：毽子10个、秒表1个

每支队伍3男3女，按每人在一分钟内踢毽子的次数计算，最后将小组几个人的成绩累计相加。

现场裁判：6 人

时间安排：9：45—10：15

＊计分方法：第一名为 12，依次为 11、10、9、8、7、6、5、4、3、2、1。

4. 集体赛——拔河

参赛队员：16 人

道具：大绳 2 条（分两组同时进行）

每队共 8 男 8 女，其他 14 个班级提前抽签，分为六组，采取六晋三，三组抽签一组不用赛直接晋级，另外两组比赛，胜的一组参加决赛。最后进行一场决赛。

时间安排：10：00—11：00

＊计分方法：第一名 8，第二名 6，第三名 4，第四、五、六名 2。

5. 集体赛——定点投篮

参赛队员：8 人

道具：4 个篮球（两个篮球场）

时间安排：10：30—11：00

＊计分方法：第一名为 12，依次为 11、10、9、8、7、6、5、4、3、2、1。

集体赛总体累计分数最高的为第一名，其次为第二名……

（二）个人赛

1. 个人赛——花样跳绳

比赛规则：花样分为正跳、倒跳、正编麻花三种，每种单独记成绩。比赛限时 1 分钟，以规定时间内跳的次数多少记成绩，中途停顿可继续进行。

分 10 组同时进行。

时间安排：14：30—14：45 正跳比赛

14：50—15：05 倒跳比赛

15：10—15：25 正编麻花比赛

道具：跳绳（各参赛人员自带）

裁判：10 人

现场仲裁（兼计时）：1 人

＊计分方法：取前 8 名，跳绳 3 个分项的分值分别为 4.5、3.5、3、2.5、2、1.5、1、0.5。

2. 个人赛——企鹅漫步

比赛规则：参赛者需两腿、两手臂夹 3 个排球，呈企鹅状在跑道上规定的起点、终点间行走（30 米），球掉下需夹起球，在掉球的位置继续。

分 10 组同时进行。

时间安排：15：40—16：00

道具：旗帜×20

排球 3×20

秒表×2

裁判：8 人

现场仲裁：1 人

＊计分方法：取前 8 名，分值分别为 8、7、6、5、4、3、2、1。

3. 个人赛——定点投球

比赛规则：在规定的一分钟内投入球多者胜。

时间安排：16：10—16：40

道具：篮球 10 个

秒表：4 个

裁判：4人

现场仲裁：1人

＊计分方法：取前8名，分值分别为8、7、6、5、4、3、2、1。

4. 个人赛——单腿斗鸡

比赛规则：甲乙两人分别单腿站立，另一腿抬起用双手拉住小腿部位，用膝盖部位与对方膝盖部位碰撞，挤压对方膝盖部位。不得以身体其他部位撞击、拖曳、推挤对手，单腿支持不住而放手、双脚落地者，即为失败。参赛队员以抽签形式进行淘汰赛，采用三局两胜制决出胜负。（四组同时进行）

时间安排：16：50—17：20

裁判：4人

现场仲裁：1人

＊计分方法：取前8名，分值分别为8、7、6、5、4、3、2、1。

四个个人项目共需裁判26人，现场仲裁4人。

个人赛也是以累计得分最高为第一名，其次为第二名……

七、活动安排

（一）前期工作安排

1. 宣传安排

海报宣传：将海报张贴在饭堂门口和教学区门口。

横幅宣传：在小足球场旁拉横幅宣传。

新媒体宣传：在活动开始前一周进行为期一周的电子屏幕宣传。同时，在微信公众号、快手、抖音等社交媒体上进行宣传。

现场报名宣传：在活动前的一周在校广场接受报名。

2. 准备工作

＊设计3张海报、宣传单和1条横幅。

＊确定场地和现场所有道具的申请：

a. 田径运动场、篮球场；

b. 音响设备 1 套、麦克风 2 个、喇叭 1 个、桌椅若干、球若干、大绳若干……

c. 请电工；

d. 申请摆放宣传板和横幅的地方。

＊与赞助商联系，确认好所需的物品。

＊礼仪小姐 4 名。（颁奖时要用）

＊主持人 2 名。（挑选两位形象好、有经验、口才好的主持人）

＊确定到场参赛人数、队伍及名字。

＊购买活动所需用品，如饮用水等，并记录。

＊制作好路标，在去活动现场的路上插上旗子，在树上贴路标。

＊做好领导的发言稿。

＊通知各院系组织协助安排参赛队伍。

＊招募志愿者做裁判以及工作人员。

（二）流程安排

＊领导致辞开始（9：00—9：15）

＊集体赛（9：15—11：00）

＊个人赛（14：30—17：20）

＊颁奖典礼（17：20—17：30）

八、活动主要细节

1. 场地布置：搬椅子、搬桌子、收场工作。

2. 会场服务：引导老师的进场以及现场秩序维持。

3. 裁判提前分工好，做好比赛记录。

4. 突发事件由负责该区域的负责人及时处理。

5. 收尾工作：工作人员完成自己负责的工作后，一起清场，带走垃圾。

九、活动经费预算（略）

共青团××大学委员会
年　　月　　日

*点评

该实例方案的亮点为：(1) 内容鲜活有趣，丰富多彩，是青年喜闻乐见的活动。不仅锻炼了身体，也娱乐了身心，具有一定吸引力。(2) 各竞技项目富有创意，充满了趣味性，极大地调动了青年积极性，展现了团委对待青年的亲和力，创新的活动项目也表现了团委工作鲜活的生命力。(3) 方案中对各项运动项目的介绍十分详细，包括道具、裁判、时间、规则、注意事项、计分方法等，避免了活动过程中因规则不明白而导致的混乱和效率低下等现象。(4) 活动安排详略得当、张弛有度，各方面均有涉及又能抓住重点，通过细节把握了全局。(5) 整个方案层次分明、结构清晰。

【实例9】户外拓展培训活动策划书

共青团××学院委员会户外拓展培训活动策划书

一、活动主题

提高团队工作能力　促进团委内部团结

二、活动目的

通过本次活动，让委员、干事进一步相互了解熟悉，交流感情,并体会作为团委人员应具备的相关能力及素质,提高组织、沟通、团结、应变和领导等能力,促进团委内部整体的团结互助,以提高团委的整体素质。

三、活动时间

10月23日8:45—17:40

四、活动地点

××××

五、活动形式

户外培训活动

六、前期准备

1. 由各部门部长在活动前三天统计好参加名单,请假的需要写好请假条,提前三天交给秘书部。

2. 活动前三天安排人员准备当天培训物资以及活动奖品,并提前联系培训基地。

3. 需要提前联系好包车。

4. 活动前两天要确定活动准备情况,所有物资务必在一天前准备到位。

七、活动流程

1. 活动当天8:45在校门口处集合,由秘书部负责签到工作并统一收取相关的费用。9:00上学校的包车出发。

到达××大约9:30,开始第一个阶段。

所有干事按部门排好队伍进行报数,每隔4位即为一组,即1、

5、9……为第一组，2、6、10……为第二组，依此类推。此次分组是今天所有活动的分组。给大家15分钟的时间相互认识了解，15分钟后每组选出一个代表向其他组简单介绍自己小组的每一个成员。预计时间30分钟。

2. 进行第二个阶段，每组挂钩三名委员。以一个半小时为准备时间，准备好任何形式的节目来向大家展示自己的小组，委员负责督促，主题是：团委一家人！11：30开始表演，预计时间50分钟。每组10分钟。

3. 表演结束后是短暂的自由活动时间，大家可以自由选择娱乐设施，但是需要注意安全，组长负责落实好自己小组成员的安全。

4. 第三个阶段——拓展活动。

（1）党团知识培训（60分钟）

主培训师：×××

副培训师：×××

小组组长：全体委员

职责分工：主培训师负责所有培训事项安排；副培训师协助主培训师做好相关事项，特别是要监管好受罚阶段，小组受罚一定是在副培训师的指挥下和小组组长的监督下接受处罚；各组小组长负责组织协调小组的培训比赛。

处罚方式：除特殊说明外采用以下方式。造成处罚者面向小组成员一直说"对不起，我错了！"小组内其他成员全部受罚。受罚方式可以选择：（1）一个游戏中一次受罚做俯卧撑10个，以后每增加一次受罚则加罚一倍；（2）一个游戏中一次受罚蛙跳20个，以后每增加一次受罚则加罚一倍。其中允许小组内成员代替受罚。

（2）信任倒

每组派出3名队员，轮流站在一平台上笔直向后倒，其余队员在后面用手臂围成护栏接住。不敢倒下，或者弯腰倒下的小组将受到惩罚。预计10分钟。

（3）两人三足

每组分为五队，一队两人，用绳子绑住两个人的其中一只脚，然后在距离起点10米处设置问答点，内容以学校基本情况和党团知识为主，要答对题目才可折返，如回答错误则可以选择继续回答，直到正确或者放弃答题直接折返，那么时间将增加20秒。当小组成员全队回到起点即为胜利。

第一名不用接受惩罚；第二名全队做10个俯卧撑或者20个蛙跳；第三名全队做20个俯卧撑或者40个蛙跳；第四名全队做30个俯卧撑或者50个蛙跳。

注：每一个小组派一个组长到问答点处当提问者，×××负责所有小组的秒数计时。

（4）同心石

每组在划定的小圆圈内，将所有队员安排进去，坚持两分钟。在主持人喊停之前，有队员掉到圈外的小组将受到惩罚。预计10分钟。

（5）传真机

小组在不说话的情况下将副培训师的一个指令从头传到尾。在规定时间内，若未传到或者传错的小组，将受到惩罚。预计10分钟。

（6）畅所欲言

大家先按部门围坐在一起，由各部部长主持谈谈整个活动的感受以及对培训的建议。聊一些轻松有趣的话题。然后所有人围坐在一起，每个小组选派一人发言。最后副书记总结，宣布培训结束。预计30分钟。

下午17：10左右坐车回学校，估计返校时间为17：40。当天的户外拓展培训活动结束。

八、活动后期

参加培训的所有干事在培训后三天内必须上交一份不少于1000字的感想给各部长,各部长收集阅读之后统一交给总干事。各委员需要在培训后三天内写总结上交至秘书部,由秘书部筛选出优秀总结上传至团委。

九、注意事项

1. 秘书部负责当天的财务报销工作;

2. 原则上干事不得缺席或请假,委员也要尽量到场,不论委员干事,向部长或者秘书长说明请假的原因及具体情况,并且请假都需写请假条,并上交秘书部;

3. 当天需要带相机去拍取精彩瞬间;

4. 活动当天需要带雨伞、创可贴、驱蚊水和正骨水等;

5. 活动当天要注意安全,责任到小组组长,要求看好队员,注意安全,全程需要负责人统一带队往返;

6. 当天除分配到工作的人外,其他委员为机动人员,听从总负责人安排;

7. 若天气有变,本次活动将延期(时间待定)。

十、活动总负责人

×××

十一、活动人员安排

秘书部×××:统计参加人员,活动前三天落实

秘书部×××:签到表和签到

秘书部×××:记账

秘书部×××：订校巴，提前三天落实

宣传部×××：准备培训物资，绳子6卷、面粉2斤（围圈用）、纸片若干、止血贴（2包）、活络油（1瓶）、团委牌（热血共青团）

秘书部×××：党团知识和学校基本情况题目

秘书部×××：新闻稿和当天摄影，活动结束后两天内完成

宣传部×××：场地布置

团委×××：收场

十二、经费预算

来回包车××元

培训物资××元

平均每人××元，每人只收××元，其余由团委报销

十三、户外培训委员分组（委员挂钩相应部门充当组长监督拓展活动受惩罚过程）

第一组：×××　×××　×××

第二组：×××　×××　×××

第三组：×××　×××　×××

第四组：×××　×××　×××

共青团××大学委员会

年　月　日

*点评

该实例包含了户外拓展活动的基本要素，对活动各方面的需要都进行了细致准确的安排，其亮点主要有：（1）活动内容丰富，有吸引力。节目表演和素质拓展游戏相结合，学习性和趣味性同时兼

备。(2) 活动时间和内容安排详略得当，有张有弛，既充分利用了时间和空间，又让参与者感到充实和成长。(3) 活动各部分责任分工明确、落实到人。(4) 活动各项工作有准确的时间限制，活动过程中的时间安排也明确且周到，有利于活动有序、合理进行。(5) 活动注意事项考虑周到，针对户外活动的空间和天气等不可控制因素做了提醒和预防。

【实例10】青年婚恋交友联谊活动方案

共青团××委员会青年婚恋交友联谊活动方案

一、活动名称

青年婚恋交友联谊活动

二、活动目的

1. 为广大未婚青年提供交友平台；
2. 提升团组织的影响力和凝聚力。

三、活动时间

20××年12月18日 14：00—17：00

四、活动地点

××素质拓展中心

五、主办单位

共青团××委员会

六、活动形式

通过设计各种互动分享游戏，让参与的单身男女青年在轻松愉快的氛围中相识、相知、相约、相聚。

七、报名方式

以团组织为单位召集人，组织本单位有意向的单身青年集体报名参加，参加活动的单位选出一名团干部为领队。

八、报名条件

未婚单身青年（男22岁以上，女20岁以上）

九、参加人数

40人~50人

十、活动前期准备

活动宣传、回收报名表、遴选报名者、通知参加人选、简单彩排、活动现场布置。

十一、活动现场人员分工

现场总导演：×××

礼仪接待：×××、×××

主持人：×××、×××

音乐、PPT播放：×××

灯光：×××

爱神丘比特（活动组织人员）：××、×××、×××、××

场务：若干

十二、联谊活动内容

开场前

背景音乐：轻音乐

灯光：柔和

13：50—14：00 活动开始前，丘比特发放号码牌并组织嘉宾到信息板看参加者允许公布的信息，引导入座。

14：00—14：15 主持人致开场辞，领导致辞。

14：15—14：30 "爱的宣言"：请男嘉宾邀请与自己号码相同的女嘉宾共同上台，做自我介绍，并说出自己的爱情宣言（PPT播放嘉宾基本信息）。

第一部分 爱在相见 14：30—15：00

活动一：幸福团团转

音乐：兔子舞

规则：女士向前一步围成内圈，男士围成外圈。两圈随音乐（融入"兔子舞"游戏，口令为左左右右前后前前前）逆行转圈，听音乐，音乐停的时候，男女双方正对站立，一人对一个。当双方停下的时候，主持人要求双方微笑握手并交谈。继续进行，每组控制在2分钟，约进行6组。

活动二：幸福千千结

音乐：向左走、向右走

惩罚：男生背起女生绕场一周（猪八戒背媳妇音乐）

先随机挑选20人进行示范，随后全部人员参加游戏。

游戏步骤：

1. 所有组员围成一个圈，主持人请组员记住自己左边的人和右边的人；

2. 主持人要求各组组员在一定范围内随意走动；

3. 主持人在短暂时间后喊停,要求所有人不能再动;

4. 主持人请所有组员用左手拉住左边的人,右手拉住右边的人;

5. 这时各小组内形成许多手结,让组员通过钻、跨、绕等形式解开结,要求是组员之间不能松手,通过集体的力量解决难题恢复到起始状态;

6. 主持人给予简单点评和鼓励,给彼此鼓掌。(通过此游戏增加组员解决问题的参与度,让组员团结在一起,锻炼一起协调解决问题的能力)

第二部分 爱在相知 15:00—15:40

活动一:爱情呼叫转移

分成内外两个圈,男士在外圈,女士在里圈,一对一面对,分三次播放视频片段,从中引出爱情、婚姻主题的讨论,每个主题讨论两分钟后主持人引导内外圈同时转动,男女一对一继续讨论两分钟。转移三次后,邀请参加者分享自己的看法,播放下一个视频继续讨论。

活动二:扑克牌游戏

道具:每桌准备一副扑克牌,共4副

规则:将牌大致均匀地分给每个人,同桌嘉宾围成一圈,依次抽出并亮出手中一沓牌中的第一张,口中依次喊出1,2,3……13(分别对应扑克牌中的A,2,3……J,Q,K)。当某人所出牌与所喊的相同时,所有人同时按住该牌,反应较慢的可按在前一个人手上,反应最慢的即手在最上面者为输。

第三部分 爱在相约 15:40—16:40

音乐:迪斯科、慢三、自由活动环节

活动一:才艺展示环节

活动二:舞会。主持人鼓动男士邀请一位女士作为舞伴,丘比特为大家示范慢三的动作，参加者学习跳慢三。自由跳舞环节。

活动三：甜蜜点播。给每个参加者发纸和笔，让男女各自写出自己心仪的人的号码，交给丘比特。

活动四：在心形气球的道具前自由拍照，在红酒吧台自由交流。

第四部分　爱在相聚 16：40—17：00

活动一：揭晓甜蜜点播约会成功名单，男女互选对方即为约会成功。

活动二：自由表白

主持人致结束语，公布活动群号

十三、活动经费（略）

共青团××委员会
年　　月　　日

*点评

（1）这一实例是一个针对青年婚恋交友而设计的，紧紧地抓住了当前青年群体中的一个急切的需求，是一个非常好的创意。（2）在活动的内容设计上，该实例也别出心裁，紧紧围绕相见、相知、相约的爱的主题，设计出了精彩的活动内容。首先，活动的内容都或间接或直接地以促进青年的交流为目的，让青年能够在较短的时间里做更多的交流。其次，活动的过程引进大量的社会工作专业手法中的小游戏，用专业的方法让参与者在游戏中相见、相知，避免了尴尬。最后，活动的内容中切入了许多当下在青年群体中比较流行的因素和话题，能够引起青年的强烈共鸣，从而更容易接受和融入这个活动。（3）整个活动充分利用了音乐、灯光、玫瑰、气球等各种道具，营造了一个非常温馨、非常有爱的氛围，让每个参加者都有想立刻去约会的冲动。

【实例11】 新年联欢会策划方案

××公司团委20××年新年联欢会策划方案

一、活动主题

"拼搏·感动·憧憬"20××年迎新年联欢会

二、活动目标

1. 全体员工喜迎20××的到来,共同度过一个愉快的夜晚。

2. 通过文艺会演、现场互动节目、纪念礼品分发等活动来提高集体公司与下属单位员工的情感交流。

三、活动准备

1. 环境布置

2. 参与人员节目排练

3. 服装、道具准备

4. 音乐、语言的制作、统筹

四、联欢会安排

1. 时间:20××年××月××日　星期×18:00—22:00

2. 地点:××酒店

3. 参加人员:

◎公司各部门领导

◎公司员工

4. 人数:60人~70人

五、活动程序

1. 开拓篇(可以在会前以幻灯片的形式播放)

(1) PPT 展示（公司的文化、我们的风采、我们的故事等）；

(2) 举杯共庆，祝福明天（领导、嘉宾祝词）；

(3) 节目

1）群舞《×××》

2）小品《×××》

3）爵士舞《××》

2. 感动篇

(1) 节目

1）舞蹈《××××》

2）搞笑舞蹈《××××》

3）配乐诗朗诵

4）当代舞《××》

(2) 各桌人员致酒

3. 憧憬篇

(1) 节目

1）音乐剧《××××》

2）时装秀

3）歌伴舞：《×××××》

(2) 全体起立，共唱《难忘今宵》

(3) 新年祝福语

4. 同乐篇——自娱自乐、互动游戏、晚宴

六、组织机构

总策划：××

总负责：××

具体负责人：××、×××、××

各组负责人

1. 主持组：×××

2. 小品组：×××、×××

3. 歌舞类：××、××、××、××、×××

演出单位：全体公司职工

七、费用预算

1. 节目组：××元

2. 场地：××元

3. 酒席：××元

八、费用来源

（略）

九、礼品来源

（略）

十、前期准备工作

1. 场地

2. 礼品

3. MTV 拍摄

4. 节目准备

5. 主持词的撰写

6. 精彩活动图片征集

十一、注意事项

1. 贵宾的邀请应提前安排时间。

2. 以亲自送达邀请函的方式对来宾进行邀请。

3. 从×月×—×日期间,利用短信向参加人员发送迎贺短信。

共青团××公司委员会
年　月　日

*点评

　　这一实例是一个典型的节日庆祝的联欢活动。(1) 在主题的提炼上,它使用了关键的方法,提炼出了"拼搏·感动·憧憬"三个关键词作为本次的联欢主题,简练而有气势,同时也奠定了本次联欢的基调和方向。(2) 在节目的编排上,多种类型的节目有序合理搭配。尤其使用了大量的舞蹈类节目,这种编排可以使场面更加热烈。(3) 整个活动在方案设计时就很好地进行了分工和安排,对主持词的撰写、精彩活动图片征集都进行了安排。

【实例12】红歌联欢会策划方案

××机关团委迎接建党××周年红歌联欢会策划方案

一、联欢会主题

红歌献给党,岗位做贡献

二、联欢会计划日期

5月27日下午

三、主办部门

机关团委

四、参与人员

机关全体团员、团干部(邀请部分领导观摩)

五、组织策划、筹备

1. 总策划、总导演：×××

2. 组织领导：×××、×××

3. 舞台指挥：×××

4. 主持人：×××、×××

5. 舞台串词编辑：×××、×××

6. 训练及舞台音响、灯光筹划负责人：×××、×××

7. 伴奏音、像筹划及编辑负责人（包括琴师现场伴奏：电子琴、钢琴，大合唱（含伴唱）歌词准备等）：×××、×××

8. 外联负责人（服装、购置伴奏光盘、场地、邀请兄弟部门相关人员、乐队安排等后勤管理）：×××、×××、×××

9. 歌曲组导演：×××

10. 戏曲、曲艺导演：×××

11. 舞蹈导演：×××

12. 摄影：宣传部摄影师

六、红歌联欢会形式

红歌大家唱，多种歌曲并举，台上台下互动，独唱、联唱、小合唱、大合唱相互交叉；歌曲、戏曲、曲艺、舞蹈相互转换，实现欢快、互动的晚会效果。

七、红歌会时间

两个半小时，大约安排26个节目（每个节目5分钟）。

八、演员及观众服装，统一着机关新制作的工装

根据节目需要，租用专用情景服装。

九、节目策划方案

1. 节目（歌曲、戏曲、舞蹈等）按照党建历程时间顺序编排，编辑舞台主持串词。

2. 独唱、小合唱与大合唱互动。大合唱不上台，就座位起立参唱。给每名参加合唱的观众发放歌词，观众持歌词演唱。

3. 总策划、总导演及各节目组召开策划会，确定节目、歌曲单，然后将歌曲单发到各部门、各支部，大家充分报名海选，海选由各支部、各部门组织试唱确定入选名单。

4. 海选入围后，由总策划组组织排练，参加复赛（产生5个复赛节目10首歌曲）。

5. 各策划组及节目组准备工作，特别是伴奏音、像准备，编辑；伴奏器乐准备；排练场地、现场音响、道具服装、舞台主持串词编辑策划等，都需要提前准备。

6. 晚会第一个节目——全体大合唱：《没有共产党就没有新中国》。

十、活动经费准备

主要用于购置音、像磁盘；伴奏乐队邀请经费、服装道具、奖品及其他活动费用开支。

十一、红歌联欢会场地

科学会堂。

共青团××机关委员会
年　　月　　日

*点评

红歌联欢会是一个典型的主题联欢活动，活动的内容也相对地固定为红色歌曲、红色戏曲、红色舞蹈等。但即便在内容相对固定的情形下，也可采用创新形式，利用节目的多样化穿插，创造出欢快的氛围。该活动也再次表明了在联欢类互动中要做好各种分工准备工作。

【实例13】大型户外主题活动策划方案

共青团××市委员会大型户外主题活动策划方案

一、活动基本信息

1. 活动名称

共青团××主题活动

2. 时间

××××年××月××日（周×）下午×点—×点

3. 地点

某大型公共广场

4. 参与人群

年龄在14岁~28岁之间的共青团员、青少年及社会青年

5. 目的与宗旨

通过丰富多彩的活动，提高青少年对共青团的认识和认同，增强团队合作精神，提升社会责任感和公民意识。

二、活动流程

1. 活动开场（15分钟）

开场主持人介绍活动目的、规则和注意事项；

领导嘉宾致辞，对共青团员提出期望和要求。

2. 团队挑战赛（30分钟）

分组：将参与人群分为若干小组，每组人数根据活动性质和场地条件确定；

任务：设置富有创意和趣味的团队挑战任务，如接力赛、解谜等，各小组同时进行比赛；

奖励：根据比赛结果，对优秀团队进行表彰和奖励。

3. 互动游戏环节（45分钟）

游戏内容：设计具有互动性和娱乐性的游戏，如你画我猜、撕名牌等，吸引更多人参与；

人员安排：配备专业游戏主持人，确保游戏顺利进行。

4. 知识讲座（30分钟）

主讲人：邀请知名人士或专家学者，围绕新时代共青团的主题进行深入浅出的讲解；

内容：涉及共青团的历史、发展、主要工作和青少年社会责任等方面；

参与方式：现场提问、互动讨论，激发青少年的思考和表达能力。

5. 活动总结与闭幕式（15分钟）

活动主持人总结本次活动的收获和不足，对表现优异的团队和个人进行表彰；

邀请领导嘉宾进行闭幕致辞，对青少年寄予希望与期许；

活动合影：大合照记录美好瞬间。

三、宣传方案

1. 宣传渠道

（1）共青团官方网站、社交媒体平台发布活动信息，如微信公众号、微博、抖音等；

（2）学校、社区等团组织张贴宣传海报，进行口口相传；

（3）网络广告、地铁广告等扩大宣传范围。

2. 宣传内容

（1）文字宣传：通过以上渠道以文字形式向大众宣传活动的名称、时间、地点、参与对象等信息；

（2）图像宣传：通过绘制活动海报、设计活动徽标或卡通形象等方式，以图像形式向大众展示活动的主题和形象；

（3）声音宣传：通过录制音频文件或者选用流行歌曲、电影等音频资料，在宣传渠道中加入声音元素，给受众带来更为生动的宣传体验；

（4）综合宣传：在文字宣传中加入图像元素，或是在图像宣传中加入文字或声音元素，多角度展示活动信息，增强宣传效果。

3. 宣传时间

提前一个月开始宣传，提高活动知名度；活动前一周发布活动倒计时海报，提醒潜在参与者。

四、活动内容

1. 团队挑战赛

结合团建拓展训练理念，设置不同难度的挑战关卡，通过团队协作完成挑战任务，培养团队合作精神和协调能力；同时设置丰富的奖励机制，激发参与者的积极性和竞争意识，比赛环节考虑不同年龄段的需求，设置适合大众参与的关卡难度，并且选取适当的场景以及拓展内容让比赛更加丰富有趣。

2. 互动游戏环节

选取新颖有趣的互动游戏，如经典的你画我猜游戏等，吸引更多人参与其中；结合当前流行的社交媒体平台，可以邀请参与者拍照打卡分享至社交圈，增强活动的传播效果。同时游戏环节可以考虑设置与共青团相关的主题元素，让参与者有更深的代入感。

3. 知识讲座

邀请权威人士或专家学者作为主讲人，结合新时代背景和共青团的工作重心，选取与青少年成长成才相关的主题进行深入浅出地讲解；为参与者提供有价值的指导建议和成长经验。讲座环节要注重互动性，鼓励参与者提问和交流心得，让讲座内容更加生动有趣。

五、后续工作总结与反馈

1. 数据统计与分析

收集活动参与人数、互动数据、参与者的反馈意见等信息，进行数据统计与分析，评估活动的效果和不足之处。

2. 反馈收集与改进

通过问卷调查、面对面采访等方式，收集参与者的反馈意见和建议，对活动方案进行总结和改进，提高活动的质量和影响力。

3. 成果展示

将活动照片、视频等素材整理成册，通过共青团官方网站、社交媒体等渠道展示活动成果，增强共青团员的凝聚力和荣誉感。

4. 宣传推广

将活动的成功经验和宣传方案进行推广，为今后的共青团主题活动提供参考和借鉴，推动共青团工作的持续发展。

共青团××市委员会
年　月　日

＊点评

总的来说，这个活动方案从多方面考虑了新时代共青团员的需求和特点，通过团队挑战赛、互动游戏环节、知识讲座等丰富多彩的形式，旨在提高青少年的团队合作精神和社会责任感。同时，通过合理的宣传方案和后续工作总结与反馈，不断优化活动方案，为今后的共青团主题活动提供了有益的参考。

【实例14】 二级团校策划书

××学院分团委二级团校策划书

一、活动目的

举办团校之目的，在于通过团校的学习、讨论和实践等形式，使各共青团干部在思想上更趋先进，在业务素质上得到更大的提升，从而在团务工作中更能得心应手。

二、活动时间

××××年4月5日—××××年5月15日

三、活动内容

（1）团干交流会

(2) 团课

四、活动流程

(1) 团干交流会于 4 月 7 日在会议室举行，全体团校学员以及分团委成员参加。基本的流程是：

首先，由×××书记做本学期团务工作要点以及任务分工等；

其次，由×××就如何加强各总支之间的协作与交流发表讲话；

再次，由×××做有关于团校如何开展的报告，以及一些常见的团务工作程序及其细节的介绍等。

最后，与会成员就工作经验、工作中的难题、团校活动等话题进行相互学习、交流和商议。

(2) 团课拟于 4 月底举行（具体时间待定），邀请我院从事过学生工作的老教师或者校团委老师为我们讲授团的知识，并采取"听课+讨论"的形式，第一节听课，第二节集中讨论学习，以求达到最佳的学习效果。团课应邀请部分共青团中的积极分子参加。

五、其他事项

团校学员为各年级团总支成员和××级各支部书记，团校活动原则上只是团校学员参与。

六、活动预算

交流会会场布置　××元

×××报告会布置及宣传　××元

团课（略）

宣讲团××所之行　××元

其中：

车费　××元

购买书籍　××元

宣传　××元

后续活动（另计）

总计　××元

××学院分团委
××××年4月5日

*点评

该活动的目的是通过团校的学习、讨论和实践等形式，提升共青团干部的思想素质和业务素质，使他们能在团务工作中更加得心应手。与会成员就工作经验、工作中的难题、团校活动等话题进行相互学习、交流和商议。这个实例的亮点在于其明确的活动目的和详细的活动流程，以及适当的预算规划。同时，也充分体现了团校学员之间的交流与学习的重要性，为各共青团干部提供了提升自身能力和素质的机会。

【实例15】优秀团员评选方案

共青团××大学委员会关于优秀团员评选方案

一、评选目的

优秀团员评选旨在表彰在团组织建设、团员管理、活动组织、制度落实等方面表现优秀的团员，发挥优秀团员的引领和示范作用，推动全校团工作的顺利开展，增强团组织的凝聚力和活力。

二、评选范围

评选范围：全校各班级团员。

三、评选标准

1. 理想信念坚定：认真学习贯彻习近平新时代中国特色社会主义思想和党的二十大精神，增强"四个意识"、坚定"四个自信"、做到"两个维护"。有共产主义远大理想和中国特色社会主义共同理想，热爱祖国、热爱人民、热爱社会主义，有浓厚的家国情怀。

2. 道德品行良好：模范践行社会主义核心价值观，带头倡导良好社会风尚。积极参与志愿服务活动，有较高的道德品质和良好的行为习惯。

3. 学习成绩优秀：在学习方面取得优异成绩，对学习有较高的热情和积极性。能够认真履行团员义务，遵守团的章程，按要求参加团的活动。

4. 遵规守纪自觉：遵守国家法律法规，遵守团的章程，履行团员义务。在团组织中表现突出，积极参与团组织的各项活动。

5. 团龄在一年以上（截至××××年××月××日）：本人基本信息已登录"智慧团建"系统，团支部干部不参加评选。

四、评选机构与程序

1. 评选机构：学校共青团委员会负责本方案的实施，各学院分团委应参照本方案制订相应的评选方案并负责本学院优秀团员的评选工作。成立评选小组，由分团委书记担任组长。

2. 评选程序：各学院分团委参照本方案和学院实际情况制订相应的评选方案并组织实施；各学院将评选出的优秀团员名单上报至学校共青团委员会进行备案；学校共青团委员会最终确定优秀团员名单并在全校范围内进行表彰。

五、奖励措施

1. 给予优秀团员荣誉证书以及奖金或其他物质奖励等方式进行

表彰和激励。荣誉证书由学校共青团委员会统一制作并颁发。奖金或其他物质奖励根据学校相关规定执行。

2. 学校共青团委员会将优秀团员名单报送至上级团组织进行备案，并向上级组织推荐参加其他校内外优秀集体评选。

3. 在评优评先等方面给予优先考虑。具体措施由各学院根据实际情况自行制定。

4. 提供更多的学习和发展机会，促进优秀团员的进一步发展。具体措施由学校相关部门根据实际情况制定并实施。

5. 对优秀团员的事迹进行宣传报道，推广先进经验和做法，鼓励更多的团员积极参与学校各项活动。宣传报道的具体形式和内容由学校宣传部门根据实际情况制定并实施。

六、其他事项

1. 在评选过程中要遵循公平、公正、公开的原则，确保评选出的优秀团员具有代表性。各学院分团委要认真组织实施评选工作，确保评选出的优秀团员具有真实性和可靠性。

2. 学校共青团委员会对各学院分团委的评选工作进行监督和指导，确保评选工作的顺利进行。

3. 优秀团员的评选工作应定期进行，以鼓励更多的团员积极参与学校各项活动，推动全校团组织工作的顺利开展。具体评选时间根据实际情况制定并实施。

4. 在评选过程中，如遇到其他未尽事宜，由学校共青团委员会负责解释并制订相应的解决方案。

共青团××大学委员会
年　月　日

*点评

1. 目的明确：该方案清晰地阐述了优秀团员评选的目的是表彰在团组织建设、团员管理、活动组织、制度落实等方面表现优秀的团员，从而发挥优秀团员的引领和示范作用，推动全校团工作的顺利开展，增强团组织的凝聚力和活力。这为后续评选工作的开展提供了明确的方向。

2. 评选范围合理：该方案明确规定了评选范围为全校各班级团支部成员，确保了评选的公平性和广泛性。

3. 评选标准全面：该方案从理想信念、道德品行、学习成绩、遵规守纪和团龄等方面制定了全面的评选标准，能够全面评价团员的综合表现，有利于选拔出具有代表性的优秀团员。

4. 评选机构与程序明确：该方案成立了评选小组，由分团委书记担任组长，明确了各学院分团委的评选责任，并规定了具体的评选程序，使评选工作具有严谨的组织保障。

5. 奖励措施完善：该方案制定了包括荣誉证书、奖金或物质奖励、推荐参加评选、提供学习和发展机会等多项奖励措施，能够有效地激励团员积极参与评选工作，并为优秀团员提供良好的发展机会。

6. 其他事项考虑周全：该方案不仅明确了评选过程中的公平、公正、公开原则，还考虑到了评选工作的监督和指导、定期进行评选以及遇到未尽事宜的处理等问题，确保了评选工作的顺利进行。

【实例16】优秀团支部评选方案

共青团××大学委员会关于优秀团支部评选方案

为了表彰先进、树立典型，激励广大团员积极进取，推动团组织建设和发展，校团委决定开展优秀团支部评选活动。

一、背景和意义

优秀团支部评选活动是我校团组织的一项重要工作,旨在表彰那些在团组织建设、志愿服务、社会实践等方面表现突出的团支部,以此激励广大团员积极参与团组织活动,提升我校团组织整体水平。

二、评选目的

优秀团支部评选活动旨在加强团员的荣誉感和责任感,展示团支部的风采,推动团组织建设和发展,同时为广大团员树立学习的榜样。

三、评选标准

1. 思想政治素质高:团支部成员能够认真学习马克思列宁主义、毛泽东思想、邓小平理论、"三个代表"重要思想、科学发展观和习近平新时代中国特色社会主义思想,具有坚定的共产主义信仰,坚持正确的政治方向。

2. 组织建设规范:团支部成员能够严格遵守团的章程和纪律,执行团的决议,服从组织分配,积极完成团的任务,具有强烈的组织观念和纪律意识。同时,团支部组织架构健全,各项制度完善。

3. 活动开展丰富:团支部能够定期开展丰富多彩的团组织活动和实践教育活动,充分调动团员的积极性和创造力,同时能够结合专业特点和社会需求,积极开展社会实践活动和志愿服务活动。

4. 宣传工作到位:团支部能够积极宣传团的各项工作和活动,充分利用各种宣传渠道,做好团支部工作的宣传报道,增强团支部的知名度和影响力。

5. 团队协作精神强:团支部成员之间能够相互支持、协作配合，具有强烈的团队精神，能够积极解决内部矛盾和问题，保持良好的团队氛围。

四、评选流程

优秀团支部的评选流程如下：

1. 申报阶段：各团支部对照评选标准，认真总结工作成果，撰写申报材料，并提交给所属学院团委审核。

2. 初选阶段：各学院团委根据评选标准，对申报材料进行审核，筛选出优秀团支部进入下一阶段。

3. 答辩阶段：各优秀团支部代表进行现场答辩，评委根据答辩情况打分。

4. 终选阶段：根据答辩得分和申报材料评审情况，评选出最终的优秀团支部。

5. 表彰阶段：对评选出的优秀团支部进行表彰奖励，并颁发荣誉证书和奖金。

五、申报和推荐

申报和推荐优秀团支部的时间为2023年4月1日至4月30日。各团支部须在截止日期前将申报材料提交给所属学院团委审核。审核通过后，各学院须在5月10日前将推荐名单报送至校团委。

申报和推荐的具体流程如下：

1. 各团支部对照评选标准，认真总结工作成果，撰写申报材料。

2. 各团支部将申报材料提交给所属学院团委审核。

3. 各学院团委根据评选标准，对申报材料进行审核筛选，确定本学院推荐的优秀团支部名单。

4. 各学院将推荐名单和申报材料报送至校团委。

5. 校团委对申报材料进行复审，组织答辩和终选环节。

六、表彰和激励

为了激发广大团员参与评选的热情，我们将对评选出的优秀团支部进行表彰奖励和激励。具体措施如下：

1. 对评选出的优秀团支部颁发荣誉证书和奖金，以表彰其优异表现。

2. 对优秀团支部成员在各项评优评先中给予加分或优先考虑。

3. 对优秀团支部所在的班级或集体在班级评优评先中给予加分或优先考虑。

4. 对优秀团支部的先进事迹进行宣传报道，传播正能量。

5. 对优秀团支部成员提供更多的学习和发展机会，如参加校内外培训、交流考察等。

6. 对优秀团支部的经验做法进行总结推广，以促进全校团组织工作的整体提升。

7. 对连续多次获得优秀团支部的单位和个人给予特别奖励和荣誉。

8. 对积极参加优秀团支部评选活动的单位和个人给予通报表扬和鼓励。

9. 对在评选过程中表现突出的评委或工作人员给予感谢和表彰。

10. 对其他有利于调动广大团员参与评选的积极性和创造性的激励措施进行探索和实施。

七、注意事项

为了确保优秀团支部评选活动的顺利进行，我们提醒各申报单位注意以下事项：

1. 认真阅读评选通知和评选标准，按照要求进行申报和推荐。

2. 申报材料要真实、全面、客观地反映本单位的工作成果和亮点特色，严禁弄虚作假。

3. 各学院要加强对申报材料的审核把关，确保推荐名单的客观性和公正性。

4. 各学院要积极组织和宣传优秀团支部评选活动，鼓励更多的团支部参与申报。

5. 各申报单位要按照要求及时提交申报材料和推荐名单，避免因逾期或材料不齐全导致影响评选结果。

八、其他事项

1. 各团支部要高度重视优秀团支部的评选工作，认真准备申报材料，确保评选工作的顺利进行。

2. 优秀团支部的评选结果将作为团支部工作考核的重要参考依据之一。

3. 本通知未尽事宜由校团委负责解释。

××校团委

××××年××月××日

＊点评

该优秀团支部评选方案是一份全面、详尽且具有实际操作性的方案，以下是对该方案的点评：

1. 评选目的明确：该方案明确优秀团支部的评选目的在于表彰在团组织建设、团员管理、活动组织、制度落实等方面表现突出的团支部，从而树立典范、激发团支部的创新活力，推动全校团工作的顺利开展，增强团组织的凝聚力和战斗力。

2. 评选范围合理：方案明确规定了评选范围为全校各班级团支部，

确保了评选工作的公平性和合理性，体现了对全体团支部的尊重。

3. 评选标准全面：该方案从团支部建设、团员管理、活动开展、制度落实和作用发挥等方面制定了全面的评选标准，能够全面评价团支部的综合表现，有利于选拔出具有代表性的优秀团支部。

4. 评选机构与程序合理：方案中成立了评选小组，由分团委书记担任组长，明确了各学院分团委的评选责任，并规定了具体的评选程序，包括基层团支部自评、学院分团委初评、学校共青团委员会综合评定等环节，使评选工作具有严谨的组织保障。

5. 奖励措施完善：该方案制定了包括荣誉证书、奖金或物质奖励、推荐参加评选、提供学习和发展机会等多项奖励措施，能够有效地激励团支部积极参与评选工作，并为优秀团支部提供良好的发展机会。

6. 其他事项考虑周全：方案明确了评选过程中的公平、公正、公开原则，同时考虑到了评选工作的监督和指导，定期进行评选以及遇到未尽事宜的处理等问题，确保了评选工作的顺利进行。

综上所述，该优秀团支部评选方案内容全面、具体、可行，能够有效地表彰优秀团支部，促进团组织工作的开展和团支部个人的发展。

【实例17】活力团支部评选方案

××学院分团委活力团支部评选方案

一、评选目的

××学院分团委活力团支部评选旨在表彰在团组织建设、团员管理、活动组织、制度落实等方面表现优秀的团支部，发挥优秀团支部的引领和示范作用，推动学院团支部工作的顺利开展，增强团组织的凝聚力和活力。

二、评选范围

全院各班级团支部。

三、评选标准

1. 团支部班子建设好：班级团支部委员配备齐全，分工明确，工作有分工有合作。团支部书记具备较高的政治素养和组织能力，能够积极有效地开展工作。

2. 团员管理好：团支部能够针对团员的实际需求，开展各类团员活动，提高团员的思想政治素质和组织纪律性。同时，团支部能够积极引导团员参与班级建设，推动班级整体发展。

3. 活动开展好：团支部能够围绕思想引领、学风建设、创新创业、志愿服务、实践教育等方面开展丰富多彩的活动，形成至少一项具有标志性、影响力的品牌项目。同时，团支部能够定期开展主题团日活动，提高团员的参与度和积极性。

4. 制度落实好：团支部能够严格执行《中国共产主义青年团支部工作条例（试行）》，规范开展"三会两制一课"，定期召开支部委员会会议和组织生活会，对团员进行教育、管理、评价和监督。

5. 作用发挥好：团支部成员在各领域发挥突出作用，涌现较多的先进典型，具有较好影响。同时，团支部能够积极带领团员参与社会实践和志愿服务活动，发挥团支部的战斗堡垒作用。

四、评选机构与程序

1. 评选机构：学院分团委负责制订本评选方案并组织实施评选工作。成立评选小组，由分团委书记担任组长，各班级团支书担任成员。

2. 评选程序：各班级团支部参照本方案和学院实际情况制订相应的评选方案并组织实施；各班级团支部将评选出的活力团支部名单上报至学院分团委进行备案；学院分团委最终确定活力团支部名单并在全院范围内进行表彰。

五、奖励措施

1. 给予活力团支部荣誉证书以及奖金或其他物质奖励等方式进行表彰和激励。

2. 推荐参加学校优秀团支部评选。

3. 在评优评先等方面给予优先考虑。

4. 提供更多的学习和发展机会，促进活力团支部的进一步发展。

5. 对评选出的活力团支部进行宣传报道，推广先进经验和做法，鼓励更多的团支部积极参与学院各项活动。

六、其他事项

1. 在评选过程中要遵循公平、公正、公开的原则，确保评选出的活力团支部具有代表性。

2. 各班级团支部要认真组织实施评选工作，确保评选出的活力团支部具有真实性和可靠性。

3. ××学院分团委将对各班级活力团支部的评选工作进行监督和指导，确保评选工作的顺利进行。

4. 活力团支部的评选工作应定期进行，以鼓励更多的团支部积极参与学院各项活动，推动学院团建工作的顺利开展。

××学院分团委

年　月　日

✳点评

学院分团委活力团支部评选方案是一份具有参考价值的方案，以下是对该方案的点评：

1. 目的积极向上：该方案明确提出评选学院分团委活力团支部的目的是表彰在团组织建设、团员管理、活动组织、制度落实等方面表现优秀的团支部，从而发挥优秀团支部的引领和示范作用，推动全校团工作的顺利开展，增强团组织的凝聚力和活力。这体现了评选工作的积极意义和向上目标。

2. 评选范围合理：该方案规定评选范围为全校各班级团支部，确保了评选工作的公平性和合理性。

3. 评选标准全面：该方案从班子建设、团员管理、活动开展、制度落实和作用发挥等方面制定了全面的评选标准，能够全面评价团支部的综合表现，有利于选拔出具有代表性的活力团支部。

4. 评选机构与程序合理：该方案成立了评选小组，由分团委书记担任组长，明确了各班级团支部的评选责任，并规定了具体的评选程序，使评选工作具有合理的组织保障。

5. 奖励措施完善：该方案制定了包括荣誉证书、奖金或物质奖励、推荐参加评选、提供学习和发展机会等多项奖励措施，能够有效地激励团支部积极参与评选工作，并为活力团支部提供良好的发展机会。

【实例18】"爱岗敬业,奋斗青春"主题团日活动方案

共青团××公司委员会
关于"爱岗敬业,奋斗青春"主题团日活动方案

一、活动主题

爱岗敬业,奋斗青春

二、活动时间

××××年××月××日(周×)下午×点至×点

三、活动地点

公司会议室及户外拓展基地

四、参与人员

公司共青团员、青年员工及管理层代表

五、活动目的与宗旨

通过开展"爱岗敬业,奋斗青春"主题团日活动,传递爱岗敬业的精神,鼓励青年员工积极奋斗、追求卓越,提高团队协作能力和凝聚力,为公司的发展贡献力量。

六、活动内容与流程

1. 活动准备

策划小组:负责活动策划、组织、协调及安全保障等工作。

宣传小组:负责活动宣传,制作海报、宣传册等,吸引更多人

参与。

物资筹备小组：负责活动所需物资的采购、准备，如团队建设道具、餐饮等。

邀请嘉宾小组：邀请公司管理层代表作为嘉宾，参与活动并进行主题分享。

2. 活动当天

开场致辞：活动开始前，由主持人进行开场致辞，介绍活动的目的和流程。

主题分享：公司管理层代表进行主题分享，介绍公司的历史、现状和未来发展，传递爱岗敬业的精神，鼓励青年员工积极奋斗。

团队建设活动：在会议室进行团队建设活动，通过团队合作游戏、沟通训练等形式，提高团队协作能力和凝聚力。

户外拓展训练：前往户外拓展基地进行户外拓展训练，通过挑战高空项目、团队协作项目等，锻炼青年员工的勇气、团队合作能力和创造力。

互动交流：在拓展训练结束后，进行互动交流环节，分享活动心得和感受，共同总结活动成果和经验教训。

3. 活动结束

活动总结：主持人对活动进行总结，感谢参与者的付出和支持。

清理现场：志愿者协助清理活动现场，确保环境整洁。

4. 活动后续

新闻报道：撰写新闻稿件，向媒体投稿，宣传活动成果和意义。

活动反思：对活动进行反思和总结，总结经验教训，为今后的活动提供参考。鼓励团员们将比赛的经验运用到日常生活和学习中，同时促进爱岗敬业的精神在广大员工中的传播和影响；提高员工的工作积极性和工作热情促进公司的稳定发展。

共青团××公司委员会
年　月　日

＊点评

这个"爱岗敬业，奋斗青春"主题团日活动方案非常有意义且具体可行，本活动旨在通过一系列活动，传递爱岗敬业的精神，鼓励青年员工积极奋斗、追求卓越，提高团队协作能力和凝聚力，为公司的发展贡献力量。以下是对该方案的几点点评：

1. 活动主题突出：该方案以"爱岗敬业，奋斗青春"为主题，通过主题分享、团队建设活动、户外拓展训练等形式，突出展现爱岗敬业的精神和青春奋斗的热情。主题明确，符合团日活动的宗旨。

2. 活动内容丰富：该方案包括主题分享、团队建设活动、户外拓展训练等多个环节，内容丰富，具有可操作性。每个环节都紧扣主题，旨在通过不同的形式让团员们更好地理解爱岗敬业的精神，提高团队协作能力和凝聚力。

3. 活动组织得当：该方案明确了活动组织架构和职责分工，由策划小组、宣传小组、物资筹备小组和邀请嘉宾小组等组成，确保活动的顺利进行。同时，参与对象明确，有利于保证活动的顺利进行和取得成功。

4. 促进团员之间的交流与合作：通过团队建设活动和户外拓展训练等形式，团员们可以相互学习、交流和合作，培养团队协作精神。这种形式的活动有助于促进团员之间的友谊和合作精神。

综上所述，这个"爱岗敬业，奋斗青春"主题团日活动方案具有很强的可行性和可操作性，能够通过一系列活动提高团员的团队协作能力和凝聚力。同时该方案对活动的各个环节和细节都有具体的描述和规划，有利于保证活动的顺利进行和取得成功。此外该方案还强调了后续反思总结以及活动影响的延续性，更好地促进了爱岗敬业的精神在广大员工中的传播和影响，提高了员工的工作积极性和工作热情，促进了公司的稳定发展。

【实例19】"开学送温暖"主题团日活动方案

共青团××学校委员会
关于"开学送温暖"主题团日活动方案

一、活动主题

开学送温暖

二、活动时间

××××年××月××日（周×）上午×点至下午×点

三、活动地点

学校操场

四、参与人员

学校团委、各班级团支部书记、学生代表等

五、活动目的与宗旨

在新学期开学之际，通过开展"开学送温暖"主题团日活动，为学校师生送去一份关爱与温暖。活动旨在弘扬中华民族传统美德，培养青少年关心他人、乐于助人的良好品质，增强团组织的凝聚力和战斗力，展示学校团委的良好形象。

六、活动内容与流程

1. 开场致辞：主持人介绍活动背景、目的和意义，欢迎师生们的到来。

2. 爱心捐赠：组织师生们捐赠学习用品、衣物等物资，为贫困学生提供帮助。同时，鼓励师生们将家里闲置的图书等物品带到学校，进行交换或捐赠，让它们发挥更大的价值。

3. 爱心义卖：组织师生们准备一些手工制品、书画作品等进行现场义卖。所得款项将全部用于资助贫困学生和购买学习用品。同时，鼓励师生们到现场购买义卖品，为贫困学生筹集更多的善款。

4. 结对帮扶：组织师生们与贫困学生结对帮扶，为他们提供学习上的帮助和生活上的照顾。同时，鼓励师生们与贫困学生建立长期的帮扶关系，帮助他们顺利完成学业。

5. 互动游戏：组织师生们参加一些互动游戏，如拔河比赛、接力赛等。通过游戏增强师生之间的交流和团队协作精神。

6. 总结点评：活动结束前，主持人对活动进行总结点评，强调关爱他人、乐于助人的重要性。同时鼓励师生们在日常学习和生活中积极关注身边的人，为他们提供力所能及的帮助。

七、活动组织与参与对象

1. 活动组织：由学校团委负责活动的策划、组织和实施工作。各班级团支部书记积极配合学校团委开展活动，确保活动的顺利进行。

2. 参与对象：学校全体师生均可参加本次主题团日活动。鼓励广大师生积极参与，展示学校良好的精神风貌和团队形象。

八、活动预算与资源需求

1. 活动预算：根据实际需求编制预算，包括物资采购、场地租赁、奖品购置等费用。预算编制合理、透明，确保资金使用效益最大化。

2. 资源需求：需要学校操场作为活动场地，准备相关物资和设备，如音响设备、桌椅、义卖摊位等。同时需要志愿者协助活动的顺利进行。若需其他物资或设备支持，需提前申请并得到批准。

共青团××学校委员会
年 月 日

*点评

这个"开学送温暖"主题团日活动方案非常有意义且具体可行，旨在在新学期开学之际为学校师生送去一份关爱与温暖。以下是对该方案的几点点评：

1. 活动主题突出：该方案以"开学送温暖"为主题，通过爱心捐赠、爱心义卖、结对帮扶等活动形式，展示了中华民族传统美德和学校团委的良好形象。主题突出，符合团日活动宗旨。

2. 活动内容丰富：该方案包括开场致辞、爱心捐赠、爱心义卖、结对帮扶、互动游戏等多个环节，内容丰富，具有可操作性。每个环节都紧扣主题，旨在为学校师生送去一份关爱与温暖。

3. 活动组织得当：该方案明确了活动组织架构和职责分工，由学校团委负责活动的策划、组织和实施，确保活动的顺利进行。同时，参与对象明确，有利于保证活动的顺利进行和取得成功。

4. 活动预算合理：该方案对活动预算的编制非常合理，包括物资采购、场地租赁、奖品购置等费用。预算编制合理，有利于保证活动的顺利进行。

综上所述，这个"开学送温暖"主题团日活动方案具有很强的可行性和可操作性，能够通过捐赠、义卖、结对帮扶等形式为学校师生送去一份关爱与温暖。同时，该方案对活动的各个环节和细节都有具体的描述和规划，有利于保证活动的顺利进行和取得成功。

【实例20】爱国主义教育主题团日活动策划方案

共青团××委员会
关于爱国主义教育主题团日活动策划方案

一、活动背景

共青团作为中国共产党的青年组织,肩负着培养新时代青年的重要使命。爱国主义教育是共青团思想教育的重要组成部分,通过组织各类爱国主义教育主题团日活动,有助于激发青年的爱国热情,增强民族自豪感和责任感。

二、活动目标

1. 增强青年对中华民族优秀传统文化的认识和了解,培养文化自信。

2. 弘扬爱国主义精神,增强青年的民族自豪感和爱国情怀。

3. 引导青年关注国家发展,树立为国家富强、民族复兴奋斗的信念。

三、活动内容

1. 主题讲座:邀请专家学者或优秀青年代表,就中华民族传统文化、国家发展历程、青年责任担当等主题进行讲座,引导青年思考和认识爱国主义精神的时代内涵。

2. 文化体验:组织青年参观历史文化遗址、博物馆等,让青年亲身感受中华民族文化的博大精深,增强文化自信。

3. 主题团日活动:以班级为单位,开展形式多样的主题团日活动,如爱国诗歌朗诵、红色歌曲演唱、影视作品赏析等,培养青年的爱国情感。

4. 社会实践：组织青年志愿者开展社区服务、环保公益等活动，让青年在实践中感受爱国主义精神的力量，树立为人民服务的意识。

5. 学习交流：组织青年学习国家的历史、现状和未来发展，开展讨论和交流，引导青年关注国家大事，增强责任感和使命感。

四、活动实施

1. 提前策划和准备：制订详细的活动计划和实施方案，提前联系相关单位和人员，确保活动顺利进行。

2. 宣传推广：通过团内通知、微信群、校园网站、公众号、抖音、快手等渠道，广泛宣传活动内容和意义，吸引更多的青年参与。

3. 活动组织：按照计划和方案，有序组织各项活动，确保活动的质量和效果。活动总结：活动结束后，及时进行总结和评价，总结经验教训，为今后的活动提供参考。同时通过各种渠道收集青年的反馈意见和建议，为今后的活动改进提供依据。

五、活动预算

根据活动的规模和内容，制订合理的预算方案。预算包括活动场地租赁、讲座嘉宾邀请、文化体验活动费用、社会实践费用等。在预算方案中应考虑一定的预留资金以应对可能出现的额外支出。在预算分配上应注重实用性和效益性原则，避免浪费和不必要开支。

六、活动安全保障

在活动实施过程中要高度重视安全工作，确保各项安全措施到位。要提前排查安全隐患，加强场地安全、交通安全、消防安全等方面的管理。同时要准备好急救设备和药品以应对可能出现的紧急情况。在活动过程中要强调安全纪律和要求，确保活动的顺利进行和参与者的安全。

七、活动效果评估

为了了解活动的实际效果和影响程度需要进行效果评估工作。评估可以通过问卷调查、访谈、观察等方式进行收集和分析相关数据资料从而对活动的成效做出客观评价。评估内容包括青年的参与度、满意度以及活动对青年爱国主义教育的实际效果等方面。根据评估结果可以及时调整和改进今后的活动方案提高活动质量和效果。

共青团××委员会
年　月　日

*点评

这个共青团爱国主义教育主题团日活动策划方案是一个全面且具有深度的方案，以下是它的主要特点和优点：

目标明确：活动目标清晰明确，包括增强青年对中华民族优秀传统文化的认识和了解，弘扬爱国主义精神，引导青年关注国家发展等。这些目标能够有效地引领活动的方向和内容。

内容丰富：活动内容涵盖了主题讲座、文化体验、主题团日活动、社会实践和学习交流等多个方面，这些活动能够从多个角度和层面进行爱国主义教育，使青年在参与的过程中能够更加深入地理解和体验爱国主义精神。

实用性和效益性：在预算方面，该方案不仅列出了各项活动的预算，还考虑了预算的实用性和效益性，避免了浪费和不必要开支。同时，安全保障措施也得到了重视，确保了活动的顺利进行和参与者的安全。

可操作性：该方案详细列出了活动实施的步骤和注意事项，包括提前策划和准备、宣传推广、活动组织、活动总结和评估等。这些细节使得方案具有很强的可操作性，能够有效地实施。

创新性：在活动内容上，方案不仅采用了传统的讲座、团日活动等形式，还引入了文化体验、社会实践等新颖的形式，能够吸引更多的青年参与，提高他们的积极性和参与度。

注重反馈和改进：该方案强调了活动总结和评估的重要性，通过收集青年的反馈意见和建议，为今后的活动改进提供依据。这种反馈和改进机制能够不断提高活动的质量和效果。

总的来说，这个共青团爱国主义教育主题团日活动策划方案是一个目标明确、内容丰富、实用性和效益性高、可操作性强的方案，同时注重创新和反馈改进，是一个优秀的策划方案。

【实例21】辩论赛主题团日活动方案

共青团××委员会关于辩论赛主题团日活动方案

一、活动主题

辩论赛——弘扬社会主义核心价值观

二、活动背景

为了深入学习贯彻习近平新时代中国特色社会主义思想，培养青少年的社会主义核心价值观，提高团员的思想政治素质和综合能力，××团委决定举办一场以"弘扬社会主义核心价值观"为主题的辩论赛。

三、活动时间

××××年××月××日（周×）下午×点至×点

四、活动地点

学校礼堂

五、参与人员

共青团员、学生代表、教师代表等

六、活动内容与流程

1. 开场致辞：主持人介绍活动背景、目的和规则，欢迎嘉宾和观众的到来。

2. 小组辩论：将参赛选手分成若干小组，每组内部进行辩论。辩题包括但不限于"社会主义核心价值观是否应纳入法律""金钱是否万能"等。每个小组选出两名代表进行总结陈词。

3. 自由辩论：各小组代表就指定辩题展开自由辩论，由评委根据选手的表现打分。自由辩论结束后，主持人宣布各小组得分情况。

4. 嘉宾点评：邀请嘉宾对选手表现进行点评，为选手提供建设性意见。

5. 观众互动：设置观众提问环节，观众可以向辩手或嘉宾提问，进一步增强活动的互动性和参与度。

6. 颁奖典礼：根据评委打分和观众投票结果，颁发优秀辩手奖、最佳团队奖等奖项。

7. 活动总结：主持人对活动进行总结，强调社会主义核心价值观的重要性，鼓励广大团员在日常生活中积极践行社会主义核心价值观。

七、活动组织与参与对象

1. 活动组织：由学校团委负责活动的策划、组织和实施，确保活动的顺利进行。

2. 参与对象：共青团员、学生代表、教师代表等均可参加。鼓励广大团员积极参与，通过活动提高自身思想政治素质和综合能力。

八、活动预算与资源需求

1. 活动预算：根据活动规模和实际需求编制预算，包括场地租赁、设备租赁、奖品购置等费用。预算编制应合理、透明，确保资金使用效益最大化。

2. 资源需求：需要学校礼堂作为活动场地，准备音响设备、投影设备等，确保活动的顺利进行。若需其他物资或设备支持，需提前申请并得到批准。

九、活动宣传与推广策略

1. 宣传渠道：通过学校公告栏、官方微信公众号、抖音、快手等渠道发布活动信息，确保广大团员及时了解活动详情和报名方式。

2. 宣传内容：明确活动主题、时间、地点、参与对象等信息，同时鼓励广大团员积极参与，展现自己的才能和潜力。

3. 推广策略：在学校内张贴宣传海报，利用校园广播、学生会、公众号、抖音、快手等渠道进行推广，同时鼓励团员积极邀请身边的朋友或同学参与活动。

十、安全预案与风险管理措施

1. 安全预案：制订安全预案，包括场地安全检查、设备安全使用等措施。确保活动期间场地安全无隐患，设备使用规范无误。

2. 风险管理措施：对可能出现的风险进行评估和管理，如人员伤亡、设备故障等。提前做好风险防范措施，如安排专业人员操作设备、提供急救箱等。同时制订应急预案应对可能出现的突发情况。

共青团××委员会
年　月　日

*点评

这个共青团辩论赛主题团日活动方案非常详细且完整，每个环节和细节都有具体的描述和规划。以下是对该方案的几点点评：

1. 活动主题突出：该方案以"弘扬社会主义核心价值观"为主题，通过辩论赛的形式，引导青少年深入学习和理解社会主义核心价值观，培养青少年的思想政治素质和综合能力。主题突出，符合团日活动宗旨。

2. 活动内容丰富：该方案包括小组辩论、自由辩论、嘉宾点评、观众互动、颁奖典礼等多个环节，内容丰富，具有可操作性。每个环节都紧扣主题，旨在提高团员们的思辨能力和表达水平，同时增强对社会主义核心价值观的理解和认同。

3. 活动组织得当：该方案明确了活动组织架构和职责分工，由学校团委负责活动的策划、组织和实施，确保活动的顺利进行。同时，参与对象明确，有利于保证活动的顺利进行和取得成功。

4. 活动预算合理：该方案对活动预算的编制非常合理，包括场地租赁、设备租赁、奖品购置等费用。预算编制合理，有利于保证活动的顺利进行。

5. 活动宣传推广得力：该方案通过多种渠道进行宣传和推广，包括学校公告栏、官方微信公众号、抖音、快手等渠道，同时鼓励团员积极邀请身边的朋友或同学参与活动。宣传内容明确，推广策略得力，有利于提高活动的知名度和参与度。

6. 安全预案与风险管理措施完善：该方案制订了安全预案和风险管理措施，包括场地安全检查、设备安全使用等措施。对可能出现的风险进行评估和管理，有利于保证活动的安全顺利进行。

综上所述，这个共青团辩论赛主题团日活动方案具有很强的可行性和可操作性，能够通过辩论赛的形式引导青少年深入学习和理解社会主义核心价值观，提高思想政治素质和综合能力。同时，该方案对活动的各个环节和细节都有具体的描述和规划，有利于保证活动的顺利进行和取得成功。

【实例22】 公益宣传主题团日活动方案

共青团××委员会关于公益宣传主题团日活动方案

一、活动主题

践行公益，传递爱心

二、活动时间

××××年××月××日（周×）下午×点至×点

三、活动地点

市中心公园

四、参与人员

共青团员、志愿者、市民等

五、活动目的与宗旨

通过开展共青团公益宣传主题团日活动,弘扬"奉献、友爱、互助、进步"的志愿服务精神,传递爱心,促进社会和谐发展。同时,通过实践公益行动,增强共青团员的使命感和责任感,提高市民的公益意识,营造良好的社会氛围。

六、活动内容与流程

1. 活动准备

策划小组:负责活动策划、组织、协调及安全保障等工作。

宣传小组:负责活动宣传,制作海报、宣传册等,吸引更多人参与。

物资筹备小组:负责活动所需物资的采购、准备,如志愿者服装、宣传物料等。

招募志愿者小组:招募热爱公益的志愿者,参与活动现场的协助工作。

2. 活动当天

开幕式:主持人宣布活动开始,介绍活动目的和流程。

公益宣传展示:设置宣传展示区,展示公益宣传海报、宣传册等,向市民介绍公益项目和理念。

公益互动体验:设置互动体验区,组织公益互动游戏、义工体验等,让市民亲身感受公益的魅力。

公益义诊服务:组织医生志愿者进行义诊服务,为市民提供健康咨询和检查。

公益捐赠仪式：举行公益捐赠仪式，向贫困地区学校捐赠学习用品和体育器材等。

市民签名墙：设立签名墙，邀请市民签名留念，传递爱心与正能量。

3. 活动结束

活动总结：主持人对活动进行总结，感谢参与者的付出和支持。

清理现场：志愿者协助清理活动现场，确保环境整洁。

4. 活动后续

新闻报道：撰写新闻稿件，向媒体投稿，宣传活动成果和意义。

活动反思：对活动进行反思和总结，总结经验教训，为今后的活动提供参考。

延续关注：关注贫困地区学校的需求和发展情况，持续关注并开展相关公益活动。

七、活动安全预案与风险管理措施

制订安全预案，包括安全警示、突发事件处理等；确保现场安全整洁；提前与相关部门沟通协调，确保活动顺利进行。

共青团××委员会
年　月　日

*点评

这个共青团公益宣传主题团日活动方案非常有意义且具体可行，旨在通过公益宣传活动传递爱心，促进社会和谐发展。以下是对该方案的几点点评：

1. 活动主题突出：该方案以"践行公益，传递爱心"为主题，通过公益宣传展示、互动体验、义诊服务等多种形式，展示了共青团员和志愿者们的志愿服务精神和公益理念。主题突出，符合团日活动宗旨。

2. 活动内容丰富：该方案包括公益宣传展示、公益互动体验、公益义诊服务等多个环节，内容丰富，具有可操作性。每个环节都紧扣主题，旨在传递爱心和促进社会和谐发展。

3. 活动组织得当：该方案明确了活动组织架构和职责分工，由策划小组、宣传小组、物资筹备小组和招募志愿者小组等组成，确保活动的顺利进行。同时，参与对象明确，有利于保证活动的顺利进行和取得成功。

综上所述，这个共青团公益宣传主题团日活动方案具有很强的可行性和可操作性，能够通过公益宣传活动传递爱心和促进社会和谐发展。同时，该方案对活动的各个环节和细节都有具体的描述和规划，有利于保证活动的顺利进行和取得成功。

【实例23】纪念长征胜利主题团日活动方案

共青团××学校委员会
关于纪念长征胜利××周年主题团日活动方案

一、活动主题

纪念长征胜利××周年

二、活动时间

××××年××月××日

三、活动地点

××学校

四、参与人员

××学校全体学生

五、活动内容

1. 观看红色电影：组织全体学生观看一部关于长征的红色电影，如《四渡赤水》《大渡河》等，通过电影了解长征的历史背景和英雄事迹。

2. 开展红色歌曲合唱比赛：组织全体学生合唱一首红色歌曲，如《长征组歌》《红旗飘飘》等，通过合唱比赛的形式，让学生们感受红色歌曲的魅力。

3. 开展红色文化展览：在学校内举办红色文化展览，展示长征时期的文物、图片、资料等，让学生们了解长征的历史和意义。

4. 开展主题团日活动：组织全体学生开展一次主题团日活动，如"红色文化讲座"等，让学生们深入了解长征的历史和意义。

5. 开展红色文化征文比赛：组织全体学生开展一次红色文化征文比赛，让学生们通过文章的形式表达对长征的感悟和认识。

六、活动要求

1. 参与人员要准时参加活动，不得迟到、缺席。

2. 参与人员要着装整洁，保持良好的形象。

3. 参与人员要积极参与活动，认真听讲、积极发言。

4. 参与人员要爱护文物，不得损坏展览品。

七、活动总结

1. 总结活动成果和不足，为今后的活动提供参考。

2. 对参与人员进行表彰和鼓励，增强他们的参与感和荣誉感。

共青团××学校委员会
年　月　日

✳ 点评

这个纪念长征胜利××周年主题团日活动方案非常详细且完整，每个环节和细节都有具体的描述和规划。以下是对该方案的几点点评：

1. 活动主题突出：该方案以纪念长征胜利××周年为主题，通过多种形式的红色文化活动，让学生们深入了解长征的历史和意义，弘扬了爱国主义精神。

2. 活动内容丰富：该方案涵盖了观看红色电影、红色歌曲合唱比赛、红色文化展览、主题团日活动和红色文化征文比赛等多个环节，内容丰富，具有可操作性。每个环节都紧扣主题，让学生们全方位地了解长征文化。

3. 参与性强：该方案要求全体学生参与，通过亲身参与各项活动，让学生们更加深入地了解长征历史和精神。同时，通过表彰和鼓励，增强了学生的参与感和荣誉感。

综上所述，这个纪念长征胜利××周年主题团日活动方案具有很强的可行性和可操作性，能够让学生们深入了解长征历史和精神，增强爱国主义情感和文化自信。同时，该方案对活动的各个环节和细节都有具体的描述和规划，有利于保证活动的顺利进行和取得成功。

【实例24】 教师节主题团日活动方案

共青团××学校委员会
关于教师节感谢师恩主题团日活动方案

一、活动背景

教师节即将到来,为了表达对教师的敬意和感激之情,同时加强共青团员的团队协作能力和凝聚力,我校团委决定举办一场以"吾爱吾师"为主题的教师节感谢师恩主题团日活动。

二、活动目标

1. 表达对教师的尊敬与感激之情,营造尊师重教的良好氛围。
2. 加强共青团员的团队协作能力和凝聚力,促进校园文化建设。

三、活动时间

××××年××月××日 (周×) 下午×点至×点

四、活动地点

学校大礼堂

五、参与人员

全校师生及共青团员

六、活动内容与流程

1. 活动准备阶段

策划小组:制订活动方案,明确活动主题、宗旨、目标等。

宣传小组：制作海报、宣传册等，通过校园广播、宣传栏等途径进行宣传，吸引更多人参与。

物资筹备小组：购买鲜花、礼品等物资，确保活动顺利进行。

节目筹备小组：组织共青团员自主申报节目，进行筛选和排练。

2. 活动实施阶段

开场致辞：活动开始前，由主持人进行开场致辞，介绍活动的目的和流程。

主题演讲：邀请优秀教师代表进行主题演讲，分享教育心得和教书育人的故事，表达对教师的敬意和感激之情。

文艺表演：按照节目单依次进行文艺表演，包括歌曲、舞蹈、朗诵等各类节目，展现学生的才艺和团队的协作能力。

互动环节：在文艺表演过程中穿插互动环节，如知识问答、现场抽奖等，提高观众的参与度和现场氛围。

献花仪式：在活动现场举行献花仪式，向辛勤付出的教师们献上鲜花和礼品，表达对他们的敬意和感激之情。

3. 活动结束阶段

活动总结：主持人对活动进行总结，感谢参与者的付出和支持。

清理现场：志愿者协助清理活动现场，确保环境整洁。

4. 活动后续阶段

新闻报道：撰写新闻稿件，向媒体投稿，宣传活动成果和意义。

活动反思：对活动进行反思和总结，总结经验教训，为今后的活动提供参考。

七、安全预案与风险管理措施

完善制定安全预案和风险管理措施，包括安全警示、突发事件处理等措施，对可能出现的风险进行评估和管理，有利于保证活动的安全顺利进行。

共青团××学校委员会
年　月　日

*点评

这个共青团"吾爱吾师"教师节感谢师恩主题团日活动方案非常有意义且具体可行，旨在通过文艺会演的形式，表达对教师的尊敬与感激之情，加强共青团员的团队协作能力和凝聚力，促进校园文化建设。以下是对该方案的几点点评：

1. 活动主题突出：该方案以"吾爱吾师"为主题，旨在表达对教师的敬意和感激之情，通过文艺汇演的形式展现学生的才艺和团队的协作能力。主题明确，符合教师节团日活动的宗旨。

2. 活动内容丰富：该方案包括开场致辞、主题演讲、文艺表演、互动环节和献花仪式等多个环节，内容丰富，具有可操作性。每个环节都紧扣主题，旨在通过不同的形式让参与者更好地理解对教师的敬意和感激之情，营造尊师重教的良好氛围。

3. 活动组织得当：该方案明确了活动组织架构和职责分工，由策划小组、宣传小组、物资筹备小组和节目筹备小组等组成，确保活动的顺利进行。同时，参与对象明确，有利于保证活动的顺利进行和取得成功。

综上所述，这个共青团"吾爱吾师"教师节感谢师恩主题团日活动方案具有很强的可行性和可操作性，能够通过文艺会演表达对教师的尊敬与感激之情。加强共青团员的团队协作能力和凝聚力的同时，该方案对活动的各个环节和细节都有具体的描述和规划，有利于保证活动的顺利进行和取得成功。

【实例25】青年参加志愿服务活动的方案

共青团××委员会关于青年参加志愿服务活动的方案

一、活动主题

青年志愿者服务社区，共建和谐家园。

二、活动目的

1. 弘扬志愿服务精神，鼓励青年志愿者参与社区服务，提高社区居民的生活质量。

2. 加强青年志愿者之间的交流与合作，提高志愿者的组织能力和综合素质。

3. 宣传和推广志愿服务活动，提高社会对志愿服务的关注度和支持度。

三、前期准备

1. 确定活动时间和地点：根据参与人数和活动内容，选择合适的活动时间和地点。

2. 招募志愿者：通过宣传和组织，招募合适的志愿者参加活动。

3. 准备物资和设备：根据活动的需要，提前准备好所需的物资和设备，包括清洁工具、宣传材料等。

4. 确定活动内容和流程：制定活动的流程和内容，包括活动的时间安排、活动的方式和内容等。

5. 联系社区居委会或物业公司，了解社区的需求和意见，确保活动的针对性和有效性。

四、活动当天

1. 活动签到：在活动当天，志愿者们需要进行签到，确认参加活动的志愿者人数。

2. 活动开始：由负责人宣布活动开始，并介绍活动的目的、流程和注意事项。

3. 活动进行：按照事先制定好的流程和内容，进行相应的活动。在活动中，需要注意志愿者的安全和秩序。

4. 活动结束：由负责人宣布活动结束，并对志愿者们的参与表示感谢。

5. 活动总结：在活动结束后，进行总结和评价，总结活动的经验和教训，为今后的活动提供参考。

五、后期总结

1. 整理活动资料：对活动中拍摄的照片、视频等资料进行整理和保存，为今后的活动提供参考。

2. 反馈评价：对参加活动的志愿者进行反馈评价，了解他们对活动的看法和建议，为今后的活动提供参考。

3. 宣传推广：通过社交媒体等渠道，对活动进行宣传推广，吸引更多的人关注和参与志愿服务活动。

4. 总结经验教训：对活动进行全面的总结，分析活动的成功经验和不足之处，为今后的志愿服务活动提供借鉴。

5. 激励表彰：对活动中表现优秀的志愿者进行表彰和奖励，激励更多的青年人参与志愿服务活动。

6. 加强合作联系：与社区居委会或物业公司加强合作联系，为今后的志愿服务活动打下良好的基础。

7. 促进交流互动：在活动结束后，组织参加活动的志愿者进行交流互动，加强彼此之间的联系和合作。

8. 制订改进计划：根据活动的反馈评价和总结经验教训，制订改进计划，对今后的志愿服务活动进行优化和提高。

共青团××委员会
年　月　日

＊点评

这个青年参加志愿服务活动的方案比较完整，包括了活动主题、目的、前期准备、活动当天和后期总结等环节。同时，该方案也充分考虑了志愿者的参与、安全和秩序等问题，以及活动的效果和宣传推广等方面。

该方案突出了志愿服务活动的本质和意义，即通过志愿者的参与和贡献，为社区居民提供更好的服务，促进社区的和谐发展。同时，该方案也注重了志愿者的激励和表彰，以及活动后期的总结和改进等方面，有利于提高志愿者的积极性和参与度，促进志愿服务活动的持续发展。

总体来说，这个青年参加志愿服务活动的方案比较全面、具体、可行，能够为青年志愿者组织和社区居民提供有益的参考和借鉴。

【实例26】青年文化艺术节活动方案

共青团××学校委员会关于青年文化艺术节活动方案

一、活动背景

青年文化艺术节旨在展示青年人的艺术成果，提高青年人的艺术素养，营造浓厚的艺术氛围，促进校园文化建设。本次艺术节将通过多种形式的艺术活动，展示青年人在音乐、舞蹈、戏剧、美术等领域的才华，激发他们的创作热情和表演欲望。

二、活动时间与地点

时间：××年××月××日至××月××日

地点：学校体育馆、礼堂、艺术教室等

三、活动内容

1. 开幕式：艺术节开幕式将邀请学校领导、嘉宾、学生代表等参加，共同见证青年人艺术才华的展示。

2. 艺术比赛：设立多个奖项，包括最佳歌手、最佳舞蹈、最佳戏剧、最佳美术等，鼓励青年人积极参与艺术比赛，展示自己的才华。

3. 艺术展览：展示青年人的绘画、书法、摄影等作品，为青年艺术家提供一个展示作品的平台。

4. 音乐会：邀请学校合唱团、乐团等表演音乐作品，展示青年人的音乐才华。

5. 戏剧表演：邀请学校戏剧社等表演戏剧作品，展示青年人的戏剧才华。

6. 讲座与工作坊：邀请艺术家、专家学者等来校进行讲座和工作坊，为青年人提供学习和交流的机会。

7. 闭幕式：艺术节闭幕式将颁发奖项，表彰优秀作品和优秀人才，同时进行精彩的文艺表演。

四、活动组织与参与对象

1. 活动组织：由学校团委、艺术教研室等部门联合组织，设立组委会和执行委员会，负责活动的策划、组织和实施。

2. 参与对象：全校师生均可参加，鼓励各班级、各社团积极组织节目和作品参赛。

五、活动预算与资源需求

1. 活动预算：根据活动规模和实际需求编制预算，包括场地租赁、设备租赁、奖品购置、宣传费用等。

2. 资源需求：需要场地租赁、音响设备、灯光设备、绘画材料等资源支持。

六、活动宣传与推广策略

1. 宣传渠道：通过校园网站、官方微信公众号、学生社交媒体等渠道进行宣传。

2. 宣传内容：介绍活动背景、活动内容、参赛对象、奖项设置等。

3. 推广策略：通过校园广播、海报张贴、宣传单发放等方式进行推广，同时鼓励学生社团和班级自行组织宣传和推广活动。

七、安全预案与风险管理措施

1. 安全预案：制订安全预案，包括场地安全检查、设备安全使用、紧急疏散等措施。

2. 风险管理措施：对活动过程中的风险进行评估和管理，包括人员伤亡、设备损坏等风险因素，采取相应的措施进行防范和控制。

共青团××学校委员会
年 月 日

第十二章 新时代共青团活动策划实例

✳点评

这个青年文化艺术节活动方案非常详细且完整，对活动的各个环节和细节都有具体的描述和规划。以下是对该方案的几点点评：

1. 活动目标明确：该方案明确了青年文化艺术节的目标，旨在展示青年人的艺术成果，提高青年人的艺术素养，营造浓厚的艺术氛围，促进校园文化建设。目标明确，符合活动宗旨。

2. 活动内容丰富：该方案涵盖了开幕式、艺术比赛、艺术展览、音乐会、戏剧表演、讲座与工作坊以及闭幕式等环节，内容丰富，具有可操作性。每个环节都设有相应的活动内容，为参与者提供了多样化的艺术体验。

3. 活动组织得当：该方案明确了活动组织架构和职责分工，由学校相关部门联合组织，设立组委会和执行委员会，负责活动的策划、组织和实施。同时，参与对象明确，鼓励全校师生均可参加。

4. 活动预算合理：该方案对活动预算的编制非常合理，根据活动规模和实际需求编制预算，包括场地租赁、设备租赁、奖品购置、宣传费用等。预算编制合理，有利于保证活动的顺利进行。

5. 活动宣传与推广得力：该方案通过多种渠道进行宣传和推广，包括校园网站、官方微信公众号、学生社交媒体等渠道，同时鼓励社团和班级自行组织宣传和推广活动。宣传内容明确，推广策略得力，有利于提高活动的知名度和参与度。

6. 安全预案与风险管理措施完善：该方案制订了安全预案和风险管理措施，包括场地安全检查、设备安全使用、紧急疏散等措施。对活动过程中的风险进行评估和管理，有利于保证活动的安全顺利进行。

综上所述，这个青年文化艺术节活动方案具有很强的可行性和可操作性，能够有效地展示青年人的艺术才华和成果，营造浓厚的艺术氛围，促进校园文化建设。同时，该方案对活动的各个环节和细节都有具体的描述和规划，有利于保证活动的顺利进行和取得成功。

【实例27】青年文明示范岗竞赛活动方案

共青团××公司委员会
关于青年文明示范岗竞赛活动方案

一、活动背景和目标

青年文明示范岗竞赛活动旨在推动广大青年团员立足本职岗位，积极进取，勤奋工作，无私奉献，充分发挥团员青年在生产、经营、科研、服务中的主力军和突击手作用，培养和造就一支具有高度敬业精神和无私奉献精神的青年团队。

二、活动范围

本次活动面向公司全体团员青年，以各部门为单位，组织开展青年文明示范岗的申报、评选和展示活动。

三、活动内容

1. 制定标准：制定青年文明示范岗评选标准，明确评选条件和评选办法。

2. 宣传动员：通过公司内部媒体和宣传渠道，发布活动通知，宣传活动意义和评选标准，号召广大团员青年积极参与。

3. 申报评选：各部门组织申报，按照评选标准提交申报材料，公司成立评审委员会进行评选。

4. 公示展示：将评选结果进行公示，展示优秀青年文明示范岗的风采。

5. 总结表彰：对评选出的青年文明示范岗进行表彰和奖励，激励广大团员青年在工作中发挥模范作用。

四、活动时间

本次活动自通知发布之日起至评选结束为止，历时一个月。

五、活动组织

1. 成立活动领导小组：由公司团委主要负责人任组长，相关部门负责人任成员，负责活动的组织和协调。

2. 制订活动实施方案：制订具体的活动实施方案，包括评选标准、申报程序、评选时间、公示和表彰等细节。

3. 组织申报和评选：各部门按照实施方案组织申报，公司评审委员会按照评选标准进行评选。

4. 公示和表彰：将评选结果进行公示，并对优秀青年文明示范岗进行表彰和奖励。

六、活动预算

本次活动预算根据实际需要编制，包括活动宣传、评审委员会成员劳务费、奖品等费用。预算编制要合理、透明，确保资金使用效益最大化。

七、活动监督与评估

1. 监督机制：设立活动监督小组，对活动的全过程进行监督，确保活动的公平、公正和公开。同时，接受公司内外相关方的质询和监督。

2. 评估机制：在活动结束后，组织对活动的全程进行评估，总结活动的成效和不足之处，为今后的活动提供经验和教训。

3. 问题反馈及改进：在活动过程中或结束后，及时收集并处理各方面的反馈意见和建议，对存在的问题进行整改和改进，持续提升活动效果和质量。

4. 结果运用：将评选结果作为对青年团员个人及团队考核评价的重要依据，并与评优评先、职业发展等挂钩，激励广大团员青年立足本职岗位，争创一流业绩。同时，通过宣传推广优秀青年文明示范岗的先进事迹和精神风貌，充分发挥其示范带动作用，引领广大团员青年积极投身企业改革发展事业。

共青团××公司委员会
年　月　日

＊点评

这个青年文明示范岗竞赛活动方案非常详细且完整，体现了青年文明示范岗竞赛活动的目标和意义，以及活动的组织、评选、公示、表彰等各个环节。以下是对该方案的几点点评：

1. 活动目标明确：该方案明确了青年文明示范岗竞赛活动的目标，即通过活动推动青年团员立足本职岗位，积极进取，勤奋工作，无私奉献，培养和造就一支具有高度敬业精神和无私奉献精神的青年团队。目标明确，符合活动宗旨。

2. 活动内容丰富：该方案涵盖了活动宣传、申报评选、公示展示、总结表彰等各个环节，内容丰富，具有可操作性。同时，方案还明确了各个环节的具体要求和标准，有利于活动的有序进行。

3. 活动组织得当：该方案明确了活动领导小组和实施方案的具体内容，有利于活动的组织和管理。同时，方案还强调了活动监督与评估的重要性，有利于保证活动的公平、公正和公开。

4. 活动预算合理：该方案对活动预算的编制非常合理，考虑了活动的实际需要和资金使用效益最大化，有利于保证活动的顺利进行。

5. 活动效果可期：该方案通过合理的组织、评选、公示和表彰等环节，有望选拔出一批具有高度敬业精神和无私奉献精神的青年团队，激励广大团员青年在工作中发挥模范作用，推动企业改革发展事业。

综上所述，这个青年文明示范岗竞赛活动方案具有很强的可行性和可操作性，能够有效地推动青年文明示范岗竞赛活动的开展，选拔出一批优秀的青年团队，激励广大团员青年在工作中发挥模范作用，为企业改革发展事业做出贡献。

【实例28】团支部竞选演讲活动方案

××团支部竞选演讲活动方案

一、活动背景与目标

团支部竞选演讲活动旨在为团支部成员提供一个展示自己、发挥才能的平台，同时为团支部选拔出具有领导力和执行力的新一届领导团队。通过此次活动，希望能够进一步提高团支部成员的参与度，增强团支部的凝聚力和战斗力，为团支部的发展注入新的活力。

二、活动时间与地点

时间：××××年××月××日（周×）下午×点至×点
地点：会议室

三、活动内容与流程

1. 活动宣传与准备：通过内部通信、公告栏、公众号、抖音、快手等方式提前发布活动信息，明确竞选职位和报名条件，鼓励广大团员积极参与。准备活动所需物资，如投影仪、话筒、PPT 等。

2. 候选人演讲：每位候选人将有 5 分钟的时间进行演讲，包括自我介绍、工作经历、竞选理由及未来计划等。演讲按照抽签顺序进行。

3. 评委提问：演讲结束后，评委将针对每位候选人演讲内容进行提问，候选人需现场作答。此环节旨在考察候选人的应变能力和思维敏捷度。

4. 现场互动：候选人演讲及回答问题结束后，现场观众可向候选人提问，候选人需现场作答。此环节旨在增加活动的互动性和参与度。

5. 投票与计票：现场观众根据候选人的表现进行投票，投票结果将由工作人员统一统计。投票结果将及时公布。

6. 颁奖与总结：根据投票结果，宣布新一届团支部领导团队名单并颁发证书。最后，对活动进行总结并感谢所有参与者的支持。

四、活动组织与参与对象

1. 活动组织：由团委负责活动的策划、组织和实施，确保活动的顺利进行。

2. 参与对象：全体团员均可参加竞选演讲活动，包括现有团支部成员和非团员。

五、活动预算与资源需求

1. 活动预算：根据活动规模和实际需求编制预算，包括场地租赁、设备租赁、礼品购置等费用。预算编制应合理、透明，确保资金使用效益最大化。

2. 资源需求：需要会议室作为活动场地，准备投影仪、话筒等

第十二章 新时代共青团活动策划实例

设备,确保活动的顺利进行。若需其他物资或设备支持,需提前申请并得到批准。

六、活动宣传与推广策略

1. 宣传渠道:通过内部通讯、公告栏、微信群、公众号、抖音、快手等渠道发布活动信息,确保广大团员及时了解活动详情和报名方式。

2. 宣传内容:明确活动背景、时间、地点、参与对象等信息,同时鼓励广大团员积极参与,展现自己的才能和潜力。

七、安全预案与风险管理措施

1. 安全预案:制订安全预案,包括场地安全检查、设备安全使用等措施。确保活动期间场地安全无隐患,设备使用规范无误。

2. 风险管理措施:对可能出现的风险进行评估和管理,如人员伤亡、设备故障等。提前做好风险防范措施,如安排专业人员操作设备、提供急救箱等。同时,制订应急预案,应对可能出现的突发情况。

共青团××委员会
年　月　日

*点评

这个团支部竞选演讲活动方案非常详细且完整,每个环节和细节都有具体的描述和规划。以下是对该方案的几点点评:

1. 活动目标明确:该方案明确了团支部竞选演讲活动的目标,旨在为团支部成员提供一个展示自己、发挥才能的平台,同时为团支部选拔出具有领导力和执行力的新一届领导团队。目标明确,符合活动宗旨。

2. 活动内容丰富:该方案涵盖了活动宣传与准备、候选人演讲、评委提问、现场互动、投票与计票、颁奖与总结等环节，内容丰富，具有可操作性。每个环节都设有相应的活动内容，为参与者提供了多样化的参与方式。

3. 活动组织得当：该方案明确了活动组织架构和职责分工，由团委负责活动的策划、组织和实施，确保活动的顺利进行。同时，参与对象明确，鼓励全体团员均可参加竞选演讲活动。

4. 活动预算合理：该方案对活动预算的编制非常合理，包括场地租赁、设备租赁、礼品购置等费用。预算编制合理，有利于保证活动的顺利进行。

5. 活动宣传与推广得力：该方案通过多种渠道进行宣传和推广，同时鼓励员工积极邀请身边的朋友或同事参与竞选演讲活动。宣传内容明确，推广策略得力，有利于提高活动的知名度和参与度。

6. 安全预案与风险管理措施完善：该方案制订了安全预案和风险管理措施，包括场地安全检查、设备安全使用等措施。对可能出现的风险进行评估和管理，有利于保证活动的安全顺利进行。

综上所述，这个团支部竞选演讲活动方案具有很强的可行性和可操作性，能够为团支部成员提供一个展示自己、发挥才能的平台，选拔出优秀的领导团队，进一步推动团支部的发展。同时，该方案对活动的各个环节和细节都有具体的描述和规划，有利于保证活动的顺利进行和取得成功。

【实例29】学雷锋主题日活动策划方案

共青团××委员会关于学雷锋主题日活动策划方案

一、活动背景与目标

雷锋精神是中国传统美德的重要组成部分，也是社会主义核心

第十二章 新时代共青团活动策划实例

价值观的体现。为了弘扬雷锋精神，提高青年团员的道德素质，团委决定举办学雷锋主题日活动。本次活动的目标是让青年团员更加深入地了解雷锋精神的内涵和价值，学习雷锋同志的优秀品质，培养青年团员的奉献精神和社会责任感。同时，通过活动，加强团组织的凝聚力和向心力，促进团员之间的交流与合作。

二、活动内容与安排

1. 活动主题：学习雷锋精神，争做时代先锋。
2. 活动时间：××月××日（周×），上午9：00—12：00。
3. 活动地点：××市××公园。
4. 活动内容：

（1）集体宣誓：在活动开始时，由团支部书记带领全体团员宣读雷锋精神誓词，表达学习雷锋精神的决心和信念。

（2）志愿服务：全体团员分成若干小组，分别进行环保清理、文明引导、帮扶老人等志愿服务活动。通过实际行动践行雷锋精神。

（3）交流讨论：在活动结束后，组织团员进行交流讨论，分享学习雷锋精神的感悟和体验，促进团员之间的相互学习和启发。

5. 活动安排：

（1）8：30—9：00：集合签到，前往活动地点。
（2）9：00—9：10：集体宣誓。
（3）9：10—11：30：志愿服务活动。
（4）11：30—12：00：交流讨论环节。

三、活动参与对象与要求

本次活动面向全体团员，要求团员积极参与，认真学习雷锋精神，争做时代先锋。鼓励团员发挥自己的特长和优势，为活动做出贡献。

四、活动宣传与准备

1. 活动宣传：通过团内微信群、QQ群等渠道发布活动信息，确保所有团员都能收到通知。同时，通过网站、微信公众号、抖音、快手等渠道进行广泛宣传，提高活动的知名度和影响力。

2. 活动准备：提前联系公园管理部门，获取活动场地的使用许可。组织筹备小组，负责活动的筹备和组织工作。准备必要的活动物资，如志愿者服装、清洁工具等。

五、活动总结与评估

1. 活动总结：在活动结束后，及时进行总结，梳理活动的收获和不足之处，为今后的活动提供经验和教训。总结应包括活动的基本情况、取得的成绩和存在的问题等。

2. 活动评估：对活动的效果进行评估，通过问卷调查、团员自评等方式收集反馈意见，了解团员对活动的评价和建议，为今后的活动改进提供依据。

共青团××委员会
年　月　日

＊点评

这个方案非常详细且完整，涵盖了活动背景、目标、内容、安排、参与对象、宣传、准备和总结评估等方面。

1. 活动背景与目标：该方案明确了活动背景和目标，即弘扬雷锋精神，提高青年团员的道德素质。通过学习雷锋精神，培养青年团员的奉献精神和社会责任感。这一目标明确且具有教育意义，非常符合共青团组织的教育职能。

2. 活动内容与安排：该方案详细列出了活动的内容和安排，包括集体宣誓、志愿服务和交流讨论等环节。每个环节都具体描述了时间和地点，以及需要参与的人员。这种详细的安排有助于确保活动的顺利进行。

3. 活动参与对象与要求：该方案明确了活动面向全体团员，要求团员积极参与，认真学习雷锋精神。这不仅提高了活动的普及率，也增强了团员之间的凝聚力和向心力。

4. 活动宣传与准备：该方案重视活动的宣传和准备工作，通过多种渠道发布活动信息，确保所有团员都能收到通知。同时，组织筹备小组负责活动的筹备和组织工作，准备必要的活动物资，如志愿者服装、清洁工具等。这些措施为活动的顺利进行提供了保障。

5. 活动总结与评估：该方案强调了活动总结和评估的重要性。通过总结和评估，可以梳理活动的收获和不足之处，为今后的活动提供经验和教训。这种持续改进的态度有助于不断提高共青团组织的活动质量和效果。

综上所述，这个方案非常完整且切实可行，能够有效地弘扬雷锋精神，提高青年团员的道德素质。该方案具有明确的目标和实施步骤，同时重视宣传、准备、总结和评估环节，为活动的顺利进行提供了保障。这个方案符合共青团组织的教育职能和社会责任，值得推广和应用。

【实例30】演讲比赛主题团日活动方案

共青团××学校委员会关于演讲比赛主题团日活动方案

一、活动主题

用演讲传递青春力量

二、活动时间

××××年××月××日（周×）下午×点至×点

三、活动地点

学校礼堂

四、参与人员

共青团员、学生代表等

五、活动目的与宗旨

通过开展共青团演讲比赛主题团日活动，提高团员的口头表达能力、演讲技巧和自信心，展示团员的青春风采和正能量，传递青春力量。同时，活动旨在促进团员之间的交流与合作，增强团组织的凝聚力和战斗力。

六、活动内容与流程

1. 开幕式：主持人介绍活动背景、目的和流程，宣布比赛开始。

2. 演讲比赛：分小组进行演讲比赛，选手可以围绕活动主题展开演讲，展示自己的演讲技巧和表达能力。评委根据选手的表现打分，评选出优胜者。

3. 互动环节：在比赛间隙，设置互动环节，邀请观众参与，增强活动的趣味性和互动性。

4. 颁奖典礼：根据评委的评分，颁发奖项，表彰优秀选手和团队。同时，对活动进行总结和评价。

5. 活动反思与总结：对活动进行反思和总结，总结经验教训，为今后的活动提供参考。同时，鼓励团员们将比赛的经验运用到日常生活和学习中。

七、活动组织与参与对象

1. 活动组织：由学校团委负责活动的策划、组织和实施工作，确保活动的顺利进行。同时，各班级团支部积极配合，组织团员参加比赛。

2. 参与对象：共青团员、学生代表等均可参加本次演讲比赛。鼓励广大团员积极参与，展示自己的风采和实力。

八、活动预算与资源需求

1. 活动预算：根据实际需求编制预算，包括场地租赁、音响设备租赁、奖品购置等费用。预算编制合理，有利于保证活动的顺利进行。

2. 资源需求：需要学校礼堂作为活动场地，准备音响设备、奖品等物资。同时需要志愿者协助活动的顺利进行。若需其他物资或设备支持，需提前申请并得到批准。

3. 安全预案与风险管理措施完善：制订安全预案和风险管理措施，包括安全警示、突发事件处理等措施。对可能出现的风险进行评估和管理，有利于保证活动的安全顺利进行。

共青团××学校委员会
年　月　日

＊点评

这个共青团演讲比赛主题团日活动方案具有很强的可行性和可操作性，能够通过演讲比赛提高团员的口头表达能力、演讲技巧和自信心，展示团员的青春风采和正能量，传递青春力量。同时该方案对活动的各个环节和细节都有具体的描述和规划，有利于保证活动的顺利进行和取得成功。

【实例31】植树节活动策划方案

共青团××委员会关于植树节活动策划方案

一、活动背景和目标

1. 活动背景：植树节是中国法定的节日，旨在动员全民参与植树造林，改善生态环境。共青团作为中国共产党的青年先锋队，应当积极组织青年参与植树节活动，弘扬绿色环保理念，增强青年人的环保意识和责任意识。

2. 活动目标：通过植树活动，引导青年人关注生态环境，积极参与环保行动，提高环保意识，为建设美丽中国贡献力量。

二、活动时间和地点

1. 活动时间：每年3月12日或3月13日（根据天气情况适当调整）

2. 活动地点：本市郊区或山区（根据实际情况选择合适的地点）

三、活动内容

1. 植树仪式：在活动现场举行植树仪式，邀请市、区领导和共青团代表共同参加，号召现场参与者及电视机前的观众加入植树造林的行列中。

2. 义务植树：组织青年志愿者开展义务植树活动，分配任务，确保每个参与者都有植树任务。

3. 环保宣教：在现场设置环保宣传展板，发放环保宣传手册，开展环保知识普及活动，提高参与者的环保意识和环保素养。

4. 绿色承诺：在现场设立"绿色承诺墙"，让参与者在上面写下自己的环保承诺，增强他们的环保责任感。

5. 绿色心愿：在现场设立"绿色心愿树"，让参与者将自己的绿色心愿写在树叶上，悬挂在树枝上，表达他们对美好环境的向往和追求。

四、活动组织和人员分工

1. 活动组织：由共青团本级委员会负责组织策划，各基层团组织负责具体实施。

2. 人员分工：设立活动筹备组、宣传组、礼仪组、现场组、安全组等小组，明确各小组职责和任务。

五、活动物资准备

1. 树苗：根据当地气候条件和植树季节选择适合的树苗种类和数量。

2. 工具：铁锹、铁锨、水桶、手套等必要的植树工具。

3. 宣传品：制作宣传海报、宣传手册等宣传品，印制共青团环保宣传口号和标语。

4. 其他物资：搭建宣传展板、设立宣传栏等所需的物资和设备。

六、活动预算和经费来源

1. 活动预算：根据活动规模和实际需要编制预算，包括树苗、工具、宣传品和其他物资设备的费用。

2. 经费来源：向上级团组织和当地政府申请经费支持，同时可以倡导社会企业和个人捐助。

七、活动安全措施

1. 安全教育：在活动开始前对所有参与者进行安全教育，提醒他们注意植树过程中的安全事项。

2. 安全装备：确保所有参与者都佩戴必要的安全装备，如手套、帽子等。

3. 安全监管：设立安全小组，负责监管现场安全情况，及时处理突发情况。

共青团××委员会
年　月　日

＊点评

这个共青团植树节方案非常全面，从活动的目标、时间、地点、内容、组织到安全措施都有详细描述。以下是对该方案的几点点评：

1. 活动目标明确：该方案明确了共青团植树节的目标，即通过植树活动引导青年人关注生态环境，积极参与环保行动，提高环保意识，为建设美丽中国贡献力量。这个目标符合共青团组织的宗旨和环保理念，具有积极的意义。

2. 活动内容丰富：该方案设计了多种植树节活动内容，包括植树仪式、义务植树、环保宣教、绿色承诺和绿色心愿等。这些活动不仅让参与者有更广泛的参与方式，还能在活动中普及环保知识，增强他们的环保意识和责任感。

3. 活动组织得当：该方案明确了共青团各级组织在活动中的职责和分工，有利于活动的有序进行。同时，方案还强调了参与者的安全问题，设立了安全小组和安全教育等措施，保障了活动的安

第十二章 新时代共青团活动策划实例

全性。

4. 活动物资准备充分：该方案对活动物资的准备非常详细，包括树苗、工具、宣传品和其他物资设备的准备。这些物资的准备能够保证活动的顺利进行，同时也体现了共青团组织对活动的重视和周全的考虑。

5. 活动预算合理：该方案对活动预算的编制非常合理，考虑了活动的规模和实际需要，同时积极寻求经费支持，倡导社会企业和个人捐助。这保证了活动的经费来源，有利于活动的顺利开展。

综上所述，这个共青团植树节方案具有很强的可行性和可操作性，能够有效地动员青年人参与环保行动，提高他们的环保意识和责任感。同时，该方案充分考虑了活动的安全性，确保了活动的顺利进行。

【实例32】中秋节活动方案

××公司团委关于中秋节活动方案

一、活动背景

中秋节是中国传统的重要节日，也是家庭团聚、感恩师长、传递爱心的时刻。为了弘扬中华传统文化，增强公司员工之间的凝聚力和团队合作精神，同时营造欢乐祥和的节日氛围，公司团委决定举办一场中秋节主题的团日活动。

二、活动目标

1. 弘扬中华传统文化，让员工更好地了解和感受中秋节的内涵。

2. 加强员工之间的交流与合作，增强团队合作精神。

3. 营造欢乐祥和的节日氛围,提高员工的工作积极性和工作热情。

三、活动时间

××××年××月××日(周×)下午×点至×点

四、活动地点

公司大楼及周边区域

五、参与人员

公司全体员工及团员

六、活动内容与流程

1. 活动准备阶段

策划小组:制订活动方案,明确活动主题、宗旨、目标等。

宣传小组:制作海报、宣传册等,通过公司内部通信、微信群等方式进行宣传,吸引更多人参与。

物资筹备小组:购买月饼、水果、饮料等物资,确保活动顺利进行。

节目筹备小组:组织员工自主申报节目,进行筛选和排练。

2. 活动实施阶段

开场致辞:活动开始前,由主持人进行开场致辞,介绍活动的目的和流程。

中秋知识分享:邀请专家进行中秋知识讲座,让员工了解中秋节的起源、习俗和文化内涵。

文艺表演:按照节目单依次进行文艺表演,包括歌曲、舞蹈、小品等各类节目,展现员工的才艺和团队的协作能力。

月饼DIY：设置月饼DIY环节，让员工亲手制作月饼，体验传统文化的魅力。

互动环节：在文艺表演过程中穿插互动环节，如猜灯谜、抽奖等，提高观众的参与度和现场氛围。

3. 活动结束阶段

活动总结：主持人对活动进行总结，感谢参与者的付出和支持。

清理现场：志愿者协助清理活动现场，确保环境整洁。

4. 活动后续阶段

新闻报道：撰写新闻稿件，向媒体投稿，宣传活动成果和意义。

活动反思：对活动进行反思和总结，总结经验教训，为今后的活动提供参考。鼓励团员们将比赛的经验运用到日常生活和学习中，同时促进爱岗敬业的精神在广大员工中的传播和影响；提高员工的工作积极性和工作热情促进公司的稳定发展。

共青团××公司委员会
年　月　日

＊点评

这个公司团委中秋节活动方案非常有意义且具体可行，旨在通过多种形式的活动，让员工更好地了解和感受中秋节的内涵，增强员工之间的交流与合作，营造欢乐祥和的节日氛围。以下是对该方案的几点点评：

1. 活动主题突出：该方案旨在让员工感受中秋团圆的氛围，增强对传统文化的传承和热爱。主题明确，符合中秋节团日活动的宗旨。

2. 活动内容丰富：该方案包括开场致辞、中秋知识分享、文艺表演、月饼DIY、互动环节等多个环节，内容丰富，具有可操作性。每个环节都紧扣主题，旨在通过不同的形式让员工更好地了解和感受中秋节的内涵，增强团队合作精神。

3. 活动组织得当：该方案明确了活动组织架构和职责分工，由策划小组、宣传小组、物资筹备小组等组成，确保活动的顺利进行。同时，参与对象明确，有利于保证活动的顺利进行和取得成功。

综上所述，这个公司团委中秋节活动方案具有很强的可行性和可操作性，能够通过多种形式的活动让员工更好地了解和感受中秋节的内涵，增强员工之间的交流与合作，同时该方案对活动的各个环节和细节都有具体的描述和规划，有利于保证活动的顺利进行和取得成功。

第二节 少先队活动策划实例

【实例33】少先队建队节暨新队员仪式活动方案

××小学少先队建队节暨新队员仪式活动方案

一、活动目的

今年是少先队建队××周年，活动为引导激励广大少先队员继承和发扬少先队员的光荣传统，增强光荣感和使命感，进一步树立崇高的理想，明确肩负的历史重任，从而更加主动地学习，以追求自身的全面发展。

二、参加对象

一年级全体新生、二至六年级全体队员、全体教师

三、活动时间

9月26日—10月13日

四、活动地点

各中队教室、阶梯室、学校操场

五、活动准备

队知识材料、横幅、红领巾、六面中队旗

六、具体活动安排

（1）召开中队辅导员会议，制订建队节活动方案。

（2）下发队知识材料。

（3）举行一次队知识竞赛：

参赛对象：中高年级队员，每班2名，由一、二年级辅导员当场评奖。

比赛时间：10月11日14：20—14：50。

组织：×××、×××、×××、×××。

设奖：设一等奖2名，二等奖3名，三等奖4名。

（4）建队××周年暨新队员入队仪式。（10月13日下午第一节课后）

附：××小学庆祝建队××周年暨新队员入队仪式活动程序

××小学庆祝建队××周年暨新队员入队仪式活动程序

主持人：

（女）有一首歌，在大地上传播

（男）有一首歌，在阳光里穿梭

（男）有一首歌，在脉管里流淌

（女）有一首歌，在心里头铭刻

（合）这首歌的名字叫作《没有共产党就没有新中国》

（男）伴随着共和国前进的步伐，中国少年先锋队走过了××年的光辉历程

（女）从劳动童子团到共产主义儿童团

（男）从抗日儿童团到地下少先队

（女）直到今天的中国少年先锋队

（男）少先队的光辉历史昭示我们

（女）少先队的蓬勃事业是党的事业始终保持生机和活力的重要源泉

（男）少年儿童的健康成长，是国家和民族永远兴旺发达的希望所在

（女）少先队我们为你自豪

（男）少先队我们为你骄傲

（女）少先队我们为你歌唱

（男）今天在中国少年先锋队建队日到来之际

（女）我们集结在火红的队旗下庄严呼号

（合）时刻准备着，振兴中华，星星火炬，代代相传

（女）庆祝中国少年先锋队建队××周年暨新队员入队仪式现在开始

一、活动第一项：举行入队仪式

1. 全体立正，出旗（校出旗手，大队旗）

2. 唱队歌

3. 老队员代表发言［五（3）班］

4. 请总辅导员宣布批准新队员名单

5. 授予队员标志（音乐起）

请六年级的老队员为新队员佩戴红领巾。

备注：①老队员向新队员敬队礼/为新队员佩戴红领巾/老队员向新队员再敬礼/新队员向老队员还礼。

②六年级老师利用晨会课训练学生结领巾，行标准队礼。一年级老师教会学生行队礼、宣誓。告诉学生在什么时候向六年级同学行礼。

③要加强纪律教育。

6. 宣誓

请少先队大队长×××带领新队员宣誓。

×××：全体新队员高举右手，握紧拳头，跟我宣誓（我读一句大家跟着读一句）：我是中国少年先锋队队员，我在队旗下宣誓，我决心遵守队章，在中国共产党和共青团的领导下，做个好队员。好好学习、好好工作、好好劳动，准备着：为共产主义和祖国的伟大事业，贡献出一切力量！

宣誓人：×××

7. 请一（3）班×××代表新队员发表讲话。

8. 由××老师宣布成立新组织，任命中队辅导员

××：我宣布成立××小学少先队第一大队、下设一（1）中队、一（2）中队、一（3）中队、一（4）中队、一（5）中队、一（6）中队。

由××老师担任一（1）中队辅导员，××老师担任一（2）中队辅导员，××老师担任一（3）中队辅导员，××老师担任一（4）中队辅导员，××老师担任一（5）中队辅导员，××老师担任一（6）中队辅导员。

9. 请××校长向一（1）、一（2）、一（3）、一（4）、一（5）、一（6）中队授予中队旗。请六位中队辅导员上来接旗。

二、活动第二项：学习队知识

（1）主持人（男）：队员们，在我们国家里，7~14周岁的少

年儿童都可以加入少先队，每个少先队员都应当热爱自己的组织，学习一些队知识。

下面请六年级的几位队员和大家一起来学习和重温有关的队知识。（大家欢迎）

（2）主持人（女）：少先队是少年儿童的群众组织，它把少年儿童组织起来，听党的话，爱祖国、爱人民、爱劳动、爱科学，爱护公共财物，努力学习，锻炼身体，培养能力，开展丰富多彩的课余活动。我们在党的怀抱中健康成长。感谢您亲爱的党。

（3）男：今天是最甜蜜的日子，它像春风带着祝福飞进我们的心底。

女：今天是最幸福的日子，它像鲜花开遍了高山、小溪。

合：亲爱的少先队员们，我们是共产主义接班人，优良的传统由我们来继承，各位队员共同努力，美好未来等着我们去创造！

三、请总辅导员老师讲话

四、呼号（全体立正，高举右手，握紧拳头）

辅导员说：准备着为共产主义事业而奋斗

回答：时刻准备着

五、请各中队准备退旗

（敬礼……礼毕）

六、宣布活动结束

××中心小学建队节活动即新生入队仪式到此结束，请队员们有秩序地回教室！

××小学少先队大队部
××××年××月××日

*点评

这个活动方案是一个完整的、详细的新队员入队仪式活动方案，它涵盖了活动的目的、时间、地点、准备、具体活动安排以及相关程序。以下是对该方案的点评：

1. 活动目的清晰明确：这个活动方案的目的不仅是庆祝少先队的建队日，更是通过仪式来增强少先队员的光荣感、使命感，明确肩负的历史重任，从而更加主动地投身于全面发展之中。

2. 活动时间安排合理：活动时间从9月26日到10月13日，这个时间段内不仅完成了新队员的招募和培训，也保证了活动的顺利进行。

3. 活动地点设定恰当：活动地点包括中队教室、阶梯室和学校操场，既方便了活动的组织和进行，也充分考虑了参与者的广泛性。

4. 活动准备充分：从队知识材料到横幅、红领巾、六面中队旗等物品的准备，都体现了策划者的细致和周到。

5. 活动安排丰富多样：从知识竞赛到新队员入队仪式，再到学习队知识，这些活动不仅形式多样，而且内容丰富，能够吸引不同年龄段的少先队员参与。

6. 活动程序严谨有序：整个活动从开始到结束，程序严谨、有序，体现了策划者对活动的重视和对参与者的尊重。

7. 活动细节考虑周全：从老队员为新队员佩戴红领巾、新队员宣誓、老队员代表发言到总辅导员的讲话，每个环节都细致入微，充分考虑了参与者的需求和感受。

总的来说，这个活动方案完整、详细、周全，能够有效地达到活动目的，也能够在少先队员中产生良好的反响。

【实例34】少先队大队委员会竞选方案

××中心小学××××年秋少先队大队委员会竞选方案

一、竞选目标

为了促进学校少先队工作，本次竞选将选出最优秀的少先队员担任大队委职务，形成"自己的活动自己搞、自己的阵地自己建、自己的事情自己管"的少先队工作新局面。此次竞选旨在使少先队员的综合素质得到锻炼和提高，让队员充分发挥民主、参政的意识，竞选出自己最满意，同时又能为少先队服务，有威信、有特长、有代表性的大队干部。

二、竞选宗旨

公开 公平 公正

三、竞选岗位

大队长：1名	副大队长：2名	组织部长：1名
学习部长：1名	宣传部长：1名	文娱部长：1名
纪检部长：1名	劳动部长：1名	体育部长：1名
旗　　手：1名	护旗手：2名	广播站长：1名
广播站副站长：1名	广播站广播员：5名	

四、竞选条件

(1) 三至六年级品学兼优的少先队员。

(2) 热爱少先队工作，能积极、主动为队员服务，对队员负责，当队员的"公仆"。

(3) 有一定的活动能力和组织管理能力，善于团结大多数同学，工作积极主动和富有创新精神。

（4）在集体中是队员们公认的优秀者，以身作则，能起榜样、带头作用。

（5）能独立完成老师交办的所有工作任务，并有敏锐地观察事物及处理各种事务的能力。

（6）学习刻苦，成绩优良，并有个性特点。

五、竞选程序

采取"竞选候选人—大队委竞选—产生大队委"的方式

1. 各中队竞选产生大队委竞选候选人（9月9日—9月15日）

（1）在学校动员的基础上，各中队辅导员将此次活动方案向全体队员公布，由中队辅导员向少先队员介绍大队委员会机构设置，各自职责。

（2）充分发动各班队员讨论岗位竞选的条件、标准，以及权利、义务，酝酿候选人名单。此次竞选采用中队辅导员提名。利用班（队）课开展竞选活动，各中队推选3名~4名候选人。

（3）9月15日前各中队以年段为单位，向大队部交候选人竞选报名表。

（4）9月21日（星期一）少先队大队部公布候选人名单。

2. 大队委竞选（9月22日—9月29日）

竞选演说：做简单的自我介绍，说明要竞争的岗位，对大队部工作的看法或建议，以及上岗后的工作打算或创新活动的思路。时间控制在2分钟之内。(竞选者请于竞选演说结束后把竞选稿上交大队部)

3. 产生大队委

采取中队申报候选人，参加大队委竞选会，听取评委老师意见，在学校竞选评审小组的监督下，公开、公正地产生新一届大队委员会。

六、评委及竞选评审小组

由校行政领导、低段中队辅导员及学生代表组成。

七、相关事项：

（1）9月15日以前以年段为单位，四年级由×××老师负责，五年级由×××老师负责，六年级由×××老师负责，将本年段参加竞选学生的报名表送交少先队大队部。

（2）9月22日正式举行竞岗演讲，选举产生新一届大队委员会。

（3）未尽事宜将另行通知。

八、岗位职责

1. 大队长

（1）召集并主持大队委员会、中队长联席会，研究、讨论、布置工作，交流工作经验。

（2）根据大队委员会讨论的意见，制订出大队工作计划。

（3）主持大队活动，召开全体队员大会。

（4）检查队委会决议的执行情况，帮助并检查各部长（各职能部）及各中小队工作。

2. 副大队长

（1）协助、配合大队长开展工作。

（2）负责整理、保管大队委员会的文件和资料。

（3）负责三项竞赛材料登记汇总工作。

3. 大队旗手

（1）大队集会时负责出旗和退旗，大队列队进行时，负责执旗。

（2）主持少先队升国旗仪式。

（3）主管大队"光荣册""少先队荣誉室"和"队室"。

（4）保管队旗，管理各中队领用与归还队旗的工作。

（5）负责训练中队旗手和护旗队员，与文娱委员配合，主持鼓号队的组织培训工作。

4. 大队组织部长

（1）负责学习队章的工作，在全体队员中普及少先队基本知识。

（2）负责少先队组织发展工作以及新队员入队工作。

（3）负责接转队员的组织关系，管理队员登记表，填写少先队组织情况统计表，按时上报。

（4）负责大队对中队、小队集体和队员进行奖励和处分的具体工作。

（5）保管大队光荣册，记好队的工作日记。

5. 大队学习部长

（1）负责组织大队科技和各种知识性竞赛活动；领导学校科技、知识、兴趣小组的工作。

（2）关心和了解各中队学习情况，帮助各中队围绕学习，组织开展活动；组织各中队学习委员观摩学习，交流经验。

（3）负责红领巾绘本书院活动。

6. 大队宣传部长

（1）组织、管理大队广播、壁报、黑板报等小组，按时广播和出板报、壁报。

（2）负责队室、小画廊、橱窗等宣传阵地的布置工作。

（3）培训中队宣传积极分子，组织"小记者团"检查、督促各中队宣传工作的开展。

（4）负责宣传国内外大事，宣传少先队中的好人好事等。

7. 大队文艺部长

（1）组织大队的文化娱乐活动。

（2）向各中队推荐介绍好的歌曲、舞蹈等。

（3）培训文娱骨干，组织文艺小组和红领巾合唱团活动。

（4）与旗手配合，组织培训鼓号队，负责保管鼓号和文娱用品。

（5）协助学校组织好节日庆祝和文艺会演、歌咏比赛等活动。

8. 大队体育部长

（1）组织队的体育游戏和体育活动；发动队员参加体育锻炼。

（2）培训体育骨干，组织体育兴趣小组和各种球队活动。

（3）主持红领巾体育节、游戏节活动。

（4）协助学校开好各种形式的运动会和体育竞赛活动。

9. 大队劳动部长

（1）组织大队的种植、手工、工艺制作等活动。

（2）负责大队社会公益活动的具体组织工作。

（3）负责宣传和推动美化校园的工作，组织队员进行自我服务等实践活动。

（4）管理大队的卫生工作，负责各中队卫生检查评比。

10. 大队纪检部长

（1）组织中队扶助员检查各段纪律问题，并做好书面登记汇总。

（2）管理大队的纪律工作，负责各中队纪律检查评比。

11. 广播站站长

领导全体广播站成员，负责发展、培训广播站通讯员、编辑和播音员，发动各中队踊跃投稿，向全校师生宣传校园里的一些大事、宣传少先队活动、增长队员见识及丰富队员的校园生活。

以上是大队委主要学生干部的分工要求，希望各学生干部做好本职工作，协助辅导员做好我校少先队工作。

××中心小学大队部

××××年9月8日

*点评

这个少先队大队委员会竞选方案非常完整，涵盖了指导思想、竞选宗旨、竞选岗位、竞选条件、竞选程序、评委及竞选评审小组、相关事项和岗位职责等各方面。方案明确指出，竞选的目的是选出最优秀的少先队员担任大队委职务，形成"自己的活动自己搞、自己的阵地自己建、自己的事情自己管"的少先队工作新局面，旨在使少先队员的综合素质得到锻炼和提高，让队员充分发挥民主、参政的意识，竞选出自己最满意，同时又能为少先队服务，有威信、有特长、有代表性的大队干部。方案也详细说明了竞选的程序和评委及竞选评审小组的组成。在岗位职责方面，方案明确了每个职务的职责和任务，为新一届大队委员会的工作提供了明确的指导。

这个方案的优点在于：

1. 方案全面且详细，易于理解和操作；

2. 强调了公开、公平、公正的竞选宗旨，有利于营造公正的竞选环境；

3. 明确的竞选条件和岗位职责，有利于提高竞选质量和后续工作的高效开展；

4. 方案充分考虑了少先队员的实际情况和需要，有利于提高少先队员的参与度和综合素质；

5. 方案体现了少先队工作的特点和要求，有利于促进少先队工作的开展和创新。

总的来说，这个少先队大队委员会竞选方案非常实用和有效，能够为学校少先队工作提供有力的支持和指导。

【实例35】大队委换届选举方案

××学校少先队大队委换届选举方案

一、指导思想

为了促进学校少先队工作的开展，学校将进行大队委换届选举，让队员们充分发挥民主的意识，选出自己最满意，同时又能为少先队服务、有威信、有特长的大队干部。

二、竞选宗旨

公开 公平 公正 我自信 我可以

三、选举条件

（1）四至六年级品学兼优的少先队员。

（2）关心少先队工作，能积极、主动为队员服务，对队员负责，树立当队员的"公仆"意识。

（3）具备一定的活动能力和组织管理能力，善于团结大多数同学，工作积极主动和富有创新精神。

（4）在集体中是队员们公认的优秀者，以身作则，能起榜样、带头作用。

四、选举办法

采取中队推荐与个人自荐相结合的方式产生候选人，参加大队

第十二章 新时代共青团活动策划实例

委员竞选会,最后由同学和老师投票产生(包括大队长1名、副大队长2名、组织委员1名、学习委员1名、宣传委员1名、文体委员1名、劳动委员1名等8名大队干部)。

五、竞选程序

(1)在学校动员的基础上,各中队将此次活动方案向全体队员公布,由中队辅导员向全体少先队员介绍大队委员会机构设置及各自职责。

(2)充分发动全体队员(或分为若干小组)讨论队长的条件、标准,以及队员的权利、义务,酝酿候选人名单,此次竞选采取竞选演说和"我能我秀"才艺比拼相结合。

(3)11月14日上午各中队必须向大队部交候选人推荐表。(逾期算弃权)

(4)11月24日上午在学校阶梯教室举行大队委候选人竞选演说(3分钟内)和才艺展示(2分钟),每班10名少先队员代表参加民主投票。

六、鼓励措施

为鼓励品学兼优的队员积极参加大队委竞选,大队部决定将在推选市级优秀少先队员、优秀少先队干部、十佳少年等先进个人时,将品学兼优、担任大队委职务并工作出色作为首要推选条件。

××学校团委
××××年11月

*点评

这篇少先队大队委换届选举方案非常全面,从指导思想、竞选宗旨、选举条件、选举办法、竞选程序到鼓励措施都做出了详尽的说明。以下是对这篇方案的几点点评：

1. 方案目标明确：该方案旨在通过大队委竞选，选出最优秀的少先队员担任大队委职务，以促进学校少先队工作的开展，形成"自己的活动自己干、自己的阵地自己建、自己的事情自己管"的少先队工作的新局面。

2. 公开透明：方案体现了公开、公平、公正的竞选宗旨，鼓励所有品学兼优的少先队员积极参与竞选。通过中队推荐与个人自荐相结合的方式产生候选人，然后进行大队委员竞选会，最后由同学和老师投票产生大队干部。

3. 竞选条件具体明确：方案列出了竞选的条件，包括品学兼优、关心少先队工作、有一定的活动能力和组织管理能力、在集体中是队员们公认的优秀者等，这些条件的设置有助于选出有能力、有威信、有特长的大队干部。

4. 竞选程序合理：方案详细说明了竞选的程序，包括在学校动员的基础上，各中队将此次活动方案向全体队员公布，由中队辅导员向全体少先队员介绍大队委员会机构设置和各自职责；充分发动全体队员讨论队长的条件、标准以及队员的权利、义务，酝酿候选人名单；交候选人推荐表；举行大队委候选人竞选演说和才艺展示，每班10名少先队员代表参加民主投票。

5. 鼓励措施有效：为鼓励品学兼优的队员积极参加大队委竞选，大队部将决定在推选市级优秀少先队员、优秀少先队干部、十佳少年等先进个人时，将品学兼优、担任大队委职务并工作出色作为首要推选条件。这一鼓励措施能够有效激发队员们的积极性和参与度。

总的来说，这篇少先队大队委换届选举方案非常详尽且实用，能够为学校少先队工作提供有力的支持和指导。

【实例36】 艺术节闭幕活动方案

××小学庆"六一"表彰大会暨艺术节闭幕活动方案

一、活动宗旨

发挥少先队组织的作用,为少年儿童创设更多、更大的舞台。为广大少年儿童搭建展示个性与才艺的舞台,让家长共同参与、关注孩子的快乐节日。

二、活动口号

歌唱祖国 快乐迎六一

三、活动时间与地点

5月31日17：00 学校大操场

四、活动安排

第一部分：快乐序曲

《快乐校园》音乐游戏操

演出单位：四（3）、四（4）、四（5）、五（4）

形式：集体舞+转山洞游戏+移大山游戏+全场校歌（拼字游戏）

第二部分：我们是骄傲的少先队员

1. 队仪式

（1）三级报告：

各联合中队整队并汇报人数（联合中队长—大队长—大队辅导员）。整队（各联合中队汇报人数）。出旗（儿童团3名队员、少先队3名队员出旗）。

a. 报告大队辅导员：我们应到××人,实到××人。

b."歌唱祖国　快乐迎六一"庆"六一"表彰大会暨二年级入队仪式活动。

c. 请允许我们在这里召开活动，报告完毕。

（2）全体立正，出旗、敬礼。（放音乐《出旗曲》）

（3）高唱《中国少年先锋队队歌》。

2. 同学们，今天的××小学快乐无限，这里成了欢乐的海洋，因为明天是我们的节日。今天我们聚集在美丽的校园里举行"'歌唱祖国''快乐迎六一'表彰会大会暨二年级入队仪式活动"。

3. ×校长致节日贺词

4. 二年级入队仪式

（1）大队长宣布入队名单。

（2）友谊中队的同学为新队员佩戴红领巾（放音乐《少先队进行曲》）。

（3）新队员宣誓。

5. ×书记宣布先进名单，每班代表上台领奖

（放音乐《少先队进行曲》）

（1）区红旗大队　大队长

（2）区优秀队员　个人

（3）中队优秀代表

6. 队仪式

全体立正呼号：准备着为共产主义事业而奋斗（辅导员）

时刻准备着（全体少先队员）。

退旗　敬礼

第三部分："歌唱祖国　快乐迎六一"艺术节闭幕活动

1. 舞蹈《××××××》　表演单位：校舞蹈队

2. 广播操表演　表演单位：二、三年代表

3. 班班有歌声获奖节目《祖国祖国我爱您》表演单位：二

（1）、二（2）、二（3）

4. 配乐诗朗诵《歌唱祖国》　表演单位：三（1）中队

5. 小组唱《××××》　表演单位：合唱蹈队

6. 双语节目《××××》　表演单位：校双语社团

7. 舞蹈《××××》　表演单位：校舞蹈队

五、节目来源及彩排时间

1. 艺术节优秀节目。

2. 总彩排5月26日—5月27日14∶30节目彩排。

六、各项工作负责

1. 节目总负责×××（彩排由艺术组共同审核）。

2. 奖品购买×××、奖品分发×××。

3. 会场的组织工作由体育组负责。

4. 会场的宣传工作负责×××与×××。

5. 节目演出过程中催场总负责×××、×××、×××老师与大队干部负责。

6. 拍照：×××、×××。

8. 音响设备与音像资料：×××（在5月26日之前收集）。

9. 录像：×××（准备话筒四个）。

××小学大队部
××××年5月

＊点评

这个活动方案非常详细，覆盖了活动的宗旨、口号、时间、地点、安排、来源、负责人员等各方面。下面是对这个实例的一些主要部分的点评：

1. 活动宗旨：这个方案明确地提出了活动宗旨，即发挥少先队组织的作用，为少年儿童创设更多、更大的舞台，让家长共同参与和关注孩子的快乐节日。这个宗旨符合少先队教育和六一儿童节欢乐氛围的要求。

2. 活动口号：口号"歌唱祖国 快乐迎六一"非常具有感染力和号召力，能够激发少年儿童的爱国情感和六一节的欢乐气氛。

3. 活动时间与地点：活动定于5月31日17：00在学校大操场进行，这个时间的安排考虑到了学生的日常学习和生活，也考虑到了六一节假期的特点。

4. 活动安排：活动安排丰富多彩，包括快乐序曲、我们是骄傲的少先队员、歌唱祖国"快乐迎六一"艺术节闭幕活动等几个部分，每个部分都有具体的节目和表演形式，能够吸引学生的兴趣，同时也能够展示学生的才艺。

5. 各项工作负责：对于各个工作都有明确的负责人员，能够保证活动的顺利进行。

总的来说，这个活动方案非常完整，能够为少年儿童提供一个展示自我、感受快乐、增强爱国情感的舞台。同时，也能够让家长参与其中，增强家庭和学校之间的互动和联系。

【实例37】少先队队长学校活动方案

××××学年××区少先队队长学校活动方案

一、指导思想

以××区少工委××××年少先队工作会议精神为指导，以全新的服务理念和创新思维举办少先队队长学校。通过对少先队队长的综合培训，提高小干部队伍的整体水平，从而更好地为广大队员服务。

二、活动时间

星期六上午8：00—11：10，总课时16节。

三、活动地点

××小学

四、主要内容

1. 以少先队××为单位举办队长学校活动，学员由××学校各推荐5名大队委员组成。

2. 在培训内容的设置上，以传授少先队基本常识、提供最新活动信息、介绍操作方法为主，同时注重对学员各项技能的锻炼，诸如队活动主持技能、新闻采编能力等，以此提高学员的综合能力。

3. 队长学校将聘请一批在少先队实践和理论方面资深的教师，以及在专业技能上有造诣的专家担任教师，及时为学员提供最好最新的少先队理念。

五、活动收费

×××元/人（由学校统一支付）。

××区少工委

××区青少年活动中心

××××年3月22日

*点评

这个活动实例是一个少先队队长学校的活动方案，旨在提高小干部队伍的整体水平，更好地为广大队员服务。以下是对该活动实例的点评：

1. 指导思想明确：该活动方案以××区少工委××××年少先队工作会议精神为指导，贯彻"儿童为本，道德为先，队建为基，发展为重"的工作思路，明确了活动的目标和方向。

2. 活动时间和地点合理：活动时间安排在星期六上午 8：00-11：10，总课时 16 节，地点为××小学。这样的安排考虑到了学习与休息的平衡，以及活动场地的适用性。

3. 培训内容丰富：培训内容涵盖了少先队基本常识、最新活动信息、操作方法等方面，同时注重对学员各项技能的锻炼，诸如队活动主持技能、新闻采编能力等。这样的设置有利于提高学员的综合能力。

4. 教师资源充足：方案中提到将聘请一批在少先队实践和理论方面资深的教师，以及在专业技能上有造诣的专家担任教师。这样的师资力量能够为学员提供最新、最专业的少先队理念。

5. 活动收费透明：方案中明确说明了活动收费为×××元/人，并由学校统一支付。这样的收费方式透明、公正，有利于活动的顺利进行。

总体来说，这个活动实例具有较高的可行性和实施价值，能够为少先队干部提供有益的培训和学习机会，有助于提高他们的综合素质和领导能力。同时，该方案也充分考虑了实际情况和需求，具有较好的针对性和实效性。

【实例38】少先队员离队仪式活动方案

××小学少先队员离队仪式活动方案

一、活动目的

为积极响应共青团省、市委的号召，激发中学生的青年意识，引导广大中学生珍惜青春年华，立志成才报国，学校决定举行以"青春、理想、责任"为主题的集体离队仪式。

通过隆重的离队仪式，让即将离队的少先队员展示他们的活力和风采，表达他们对少先队、对辅导员、对父母的感激与眷恋。让队员们回顾少先队生活中的收获，明确少先队员的责任，树立自己的理想和目标。让少先队的精神终身激励同学们朝着更高的目标奋进。

二、活动主题

青春、责任、理想

三、活动时间

××××年5月30日晚上19：00—8：30

四、活动地点

学校操场

五、参加人员

八年级全体师生、××中学来校修学师生、八年级家长、教育局领导及其他来宾

六、活动议程

1. 介绍到场嘉宾，宣布活动开始

2. 出旗

3. 唱队歌

4. 学生代表致"青春畅想"

5. 学生诵读"青春心愿卡"，在星星树上贴心愿

6. 家长代表致"成长寄语"

7. 中队辅导员致"成长寄语"

8. 重温入队誓词

9. 呼号

10. 退旗

11. 珍藏红领巾

12. 入团宣誓仪式

13. 进行"青春、责任、理想"宣誓

14. 学校领导致"青春寄语"

15. 文艺汇演

16. 点生日蜡烛——焰火

七、具体分工

1. ×校长——总指挥

2. ×××、×××——全面负责、协调，总体策划，各环节落实

3. 班主任：

——每个少先队员写一份"离队申请"（学校发统一格式纸张），总结自己在少先队生活中的收获，谈谈自己的理想与目标，请少先队组织批准光荣离队

——组织学生制作"青春心愿卡"

——准备给班级同学的寄语

——队歌、呼号练习

——手语歌曲练习《感恩的心》

4. 年级组长——告家长书（诚意邀请家长参加离队活动）和各相关工作的具体落实

5. 信息组——拍照、录像等

6. 艺术组——文艺汇演

节目确定、主持人、串联词等环节

7. 总务处——搭台、灯光、音响,烟花购买和点放等

8. 教科室——新闻媒体宣传

9. 总务处、教导处、班主任——座位布置

八、其他细节

1. 学生代表致"青春畅想",1人,年级组安排

2. 青春心愿卡要求:全体学生制作可粘贴的"青春心愿卡",各班挑选1名学生诵读,3名~5名学生将青春心愿卡粘贴在心愿树上,班主任落实

3. 家长代表致"成长寄语",年级组落实

4. 班主任(中队辅导员)准备寄语

5. 学生熟读"青春誓词",班主任落实

6. ×××、×××:负责离队仪式、主题背景的设计

7. ×××:负责领导邀请,入团宣誓仪式和协调工作

8. ×××:负责文艺演出

9. ×××、班主任:各项细节的具体落实

10. ×××:青春寄语

11. ×××:师生晚饭准备

××小学大队部
××××年3月27日

*点评

这个活动实例是一个少先队员离队仪式的活动方案,旨在引导少先队员珍惜青春年华,立志成才报国。以下是对该活动实例的点评:

1. 活动目的明确:该活动方案旨在通过集体离队仪式,让少先

队员展示活力和风采，明确少先队员的责任、树立自己的理想和目标，表达对少先队、辅导员、父母的感激与眷恋。这样的目的符合少先队教育和引导的方向，也有利于激发中学生的青年意识和责任意识。

2. 活动主题突出：活动的主题是"青春、责任、理想"，这与少先队员的年龄特点和时代背景相符合。通过这样的主题，可以引导少先队员思考自己的青春如何度过、如何承担责任、如何树立远大的理想和目标。

3. 活动内容丰富：活动内容涵盖了出旗、唱队歌、学生代表致辞、家长代表致辞、中队辅导员寄语、重温入队誓词、呼号、退旗、珍藏红领巾、入团宣誓仪式、青春宣誓等多个环节。这些环节的设计可以让少先队员充分展示自己的活力和风采，表达对少先队的感激和眷恋。

4. 活动组织得当：活动方案中详细说明了各项工作的具体落实人员和职责，分工明确，有利于活动的顺利进行。同时，各项细节的考虑也十分周到，如家长邀请书、座位布置等，体现了组织者的用心和细致。

5. 活动意义深远：通过这样的活动，可以让少先队员们回顾自己在少先队中的成长和收获，明确自己的责任和使命，树立自己的理想和目标。同时，也可以让家长们了解孩子们在少先队中的成长和变化，增强家校之间的联系和沟通。

总体来说，这个活动实例具有较高的可行性和实施价值，能够达到预期的目的和效果。同时，也有利于激发中学生的青年意识和责任意识，促进他们的成长和发展。

【实例39】少先队代表大会策划书

××实验学校第×届少先队代表大会策划书

一、目的意义

为了进一步培养广大青少年学生的主人翁精神，勤奋学习、快乐生活、全面发展，主动适应时代发展的要求，充分发挥少年儿童组织的优势，经××实验学校第四届大队委员会讨论，校支部、行政部同意，决定于××××年1月4日召开××实验学校第×届少先队代表大会。

本次会议将回顾总结过去一年来，在校党政领导关心支持下，少先队组织开展的各项工作，民主选举产生新一届大队委员。希望通过本次会议，我校的少先队工作能在全体少先队员的关注和参与下取得更好的成绩。

二、大会筹备人员

×××、×××、×××、×××……

三、具体要求

1. 各中队认真做好××实验学校第×届少先队代表大会的宣传、预热工作。

2. 本次少先队代表大会充分发扬民主，三至九年级每中队选举产生4名代表，其中包含一名候选人。即本次大会有代表160人左右，候选人40人左右。选举产生大队干事、大队委员和大队部顾问。各班必须民主选举产生代表及候选人，并请于12月19日前将代表名单与候选人事迹、个人简介交至团队办公室，过期做弃权处理。

3. 第×届少先队代表大会筹备阶段工作。

第一阶段：各中队推荐少代会代表、大队候选人12月17日—19日

第二阶段：大队候选人会议，布置具体的选举事宜12月19日

第三阶段：（1）大队候选人上交相关资料（个人展板的小样稿），时间：12月24日。

（2）大队候选人才艺展示，参加对象：全体少代会代表。（地点：多功能厅　时间：12月24日—28日，每天12：20—13：00）

年级：八、九年级　七年级　六年级　四、五年级　三年级

第四阶段：少先队代表大会代表在听取队员意见后，填写少先队代表大会提案表（12月28日上交）。

第五阶段：大队候选人接受第×届少先队代表大会正式选举。

4. 大会筹备组于12月31日将个人简介展示在校园内，以供宣传，并接受广大少先队员的建议与评议。

四、大会主要议程

1月4日，召开××实验学校第×届少先队代表大会正式会议。内容有：开幕词，苗苗儿童团祝贺词，校领导讲话，审批代表资格，上届大队委员会工作报告，审议候选人资格、监票人资格、唱票人资格，投票选举，校领导回答提案，闭幕词。

五、代表和候选人条件

1. 代表条件：有代表性、群众性、先进性

请注意队干部与普通队员的比例，男女队员的比例。

2. 候选人条件：

（1）工作勤奋负责，热爱社会工作、班集体工作，热心为大家

服务，有较强的责任感。

（2）学习刻苦，有钻研精神，学习成绩优秀，并有一技之长。

（3）为人踏实，能与同学友好相处，并愿意为广大少先队员排忧解难。

（4）积极参加学校内外的各项活动，平时以身作则，能起到先锋、模范作用，并愿意参加学校少先队日常管理工作。

六、提案要求

1. 本届少代会提案主题为"××"。

2. 少先队代表大会代表必须充分反映队员的心声，代表他们的意愿。通过各种方式广泛征询、听取队员们的意见、要求和建议，经过整理归纳，用书面形式提交大会筹备组（12月28日）。

七、后勤工作安排

摄影录像：××× 音响话筒：×××

×× 实验学校第×届少先队代表大会筹备组

××××年12月11日

＊点评

这个活动实例是一个少先队代表大会的策划书，旨在回顾过去一年的工作，民主选举新一届大队委员，推动少先队工作的更好发展。以下是对该活动实例的点评：

1. 目的意义明确：活动实例中明确说明了召开少先队代表大会的目的和意义，即培养青少年的主人翁精神，推动少先队工作的更好发展。这个目的和意义符合少先队工作的总体要求，也有利于促进青少年的全面发展和成长。

2. 大会筹备人员明确：活动实例中明确列出了大会筹备人员，

包括总负责人和其他协助人员，每个阶段的工作也都有具体的负责人，这有利于工作的顺利进行和责任的落实。

3. 具体要求明确：活动实例中对于每个阶段的工作都有具体的安排和要求，例如选举代表和候选人的程序、提案的提交和审查等，这些具体要求有利于保证工作的规范性和有效性。

4. 大会主要议程清晰：活动实例中详细列出了大会的主要议程，包括开幕词、工作报告、候选人资格审查、投票选举等环节，这些议程设置合理，有利于保证大会的顺利进行和决议的有效性。

5. 代表和候选人条件明确：对于代表和候选人的条件进行了明确的说明，包括代表的代表性、群众性和先进性，以及候选人的工作能力、学习成绩和为人处世等方面的要求，这些条件有利于保证代表和候选人的素质和能力。

6. 提案要求明确：对于提案的主题和提交方式进行了明确的要求，有利于保证提案的质量和有效性。

7. 后勤工作安排合理：对于摄影录像、音响话筒等后勤工作的安排合理，有利于保证大会的顺利进行和效果。

总体来说，这个活动实例具有较高的可行性和实施价值，能够达到预期的目的和效果。同时，也有利于推动少先队工作的更好发展，培养青少年的主人翁精神和全面成长。

【实例40】红领巾体育节活动

××小学"××××健康新年"红领巾体育节活动

××××年到了，老师们、同学们，让我们行动起来，参加体育锻炼，健康快乐迎新年！

一、××小学冬季跳绳比赛规程

为积极开展学校群体活动，全校将于××××年1月6日进行跳绳比赛，请各班做好准备，现将有关事项通知如下：

（1）时间：××××年1月6日下午，一、二年级第二节课开始，三至六年级两节课后开始

（2）地点：学校大操场

（3）参加对象：各班部分学生

（4）具体办法：每班5男5女，按年级组进行比赛。每年级组取一名优胜奖，发奖状。按从一年级到六年级顺序，按每人1分钟数量计每班10位学生的总成绩，总数相等时看个人最好成绩，再相等时看次成绩，依次类推。

注：跳绳方法一律为任何形式的单跳，不准双飞。

二、××小学仰卧起坐比赛规程

全校将定于××××年1月7日下午进行仰卧起坐比赛，请各班做好准备，现将有关事项通知如下：

（1）时间：××××年1月7下午，一、二年级第二节课开始，三至六年级两节课后开始

（2）地点：学校大操场（雨天：大礼堂）

（3）参加对象：各班部分学生

（4）具体办法：每班5男5女，按年级组进行比赛。每年级组取一名优胜奖，发奖状。按从一年级到六年级顺序，每人1分钟计每班10位学生的总成绩，总数相等时看个人最好成绩，再相等时看次成绩，依次类推。

注：动作规格：受试者仰卧于体操垫上，两腿屈膝，大小腿成直角，两手交叉抱于脑后，由同班同学压住受试者双脚。要求起坐时双肘触及两膝，仰卧时两肩胛必须触垫。

三、××小学拔河比赛规程

为积极开展校冬季群体活动，全校将于1月8日下午进行拔河

比赛，请各班做好准备，现将有关事项通知如下：

（1）比赛时间：××××年1月8日下午，班队课开始。

（2）地点：大操场

（3）参加对象：全校学生

（4）参加办法：每班男女各10人

（5）评奖办法：按每年级组取一、二、三名

（6）比赛办法：采用循环赛，三局两胜制

××小学大队部

××××年3月27日

＊点评

这个活动实例是一个小学的"健康新年"红领巾体育节活动，主要包括跳绳比赛、仰卧起坐比赛和拔河比赛三个部分。以下是对该活动实例的点评：

1. 目的明确：活动实例的目的是促进学生的身体健康和快乐迎新年，通过开展各种体育比赛活动，鼓励学生积极参加体育锻炼，增强身体素质和团队合作精神。

2. 比赛项目设计合理：活动实例中选取了跳绳、仰卧起坐和拔河三个比赛项目，这些项目既能够锻炼学生的身体素质，又能够体现团队合作精神，同时也有利于激发学生的参与热情和竞争意识。

3. 比赛规程详细：活动实例中对于每个比赛项目的规程都进行了详细的说明，包括比赛时间、地点、参加对象、具体办法、评奖办法和比赛规则等，这些详细的说明能够保证比赛的顺利进行和公平公正。

4. 注重规则和安全：在比赛规程中，特别注重了规则和安全的说明，例如跳绳比赛要求单跳、仰卧起坐要求动作规格等，这些细节的关注能够保证比赛的安全性和有效性。

5. 鼓励全员参与：活动实例中强调了全校学生都可以参加拔河比赛，这体现了鼓励全员参与的思路，有利于提高学生的参与率和团队意识。

6. 后勤保障有力：在活动实例中，还特别强调了比赛的后勤保障，包括比赛前的通知、比赛中的计时和计分等，这些有力的后勤保障能够保证比赛的顺利进行。

总体来说，这个活动实例设计合理、注重细节、鼓励全员参与，是一个成功的体育节活动实例。通过这个活动，学生们可以锻炼身体、增强团队合作精神，同时也可以迎接一个健康的新年。

【实例41】5月份少先队活动方案

××××年××小学5月份少先队活动方案

一、活动目的

5月，是一个阳光灿烂的季节，而"勤劳"与"爱心"是人间的阳光，学校少先大队利用5月份的各种节日，开展丰富多彩的活动，培养队员热爱家乡、尊敬长辈、关心他人等意识，对队员进行亲情教育和感恩教育，让人间的阳光在每个队员心中永驻，并以此进一步弘扬中华民族的传统精神。

二、活动主题

进行亲情教育和感恩教育。

三、活动时间

5月份

四、活动对象

全体少先队员

五、活动安排

第一周：5月的第一天是劳动节，热爱劳动是中华民族的传统美德，劳动带给我们一切，有劳动，才有回报，让我们用自己的双手创造辉煌！

（1）"五一"到来之际，我们要利用假期，为父母送上一份衷心的祝福，做爸爸妈妈的小帮手，帮父母做一些家务。

（2）围绕劳动展开一次主题班会。出一期"劳动最光荣"的黑板报。

（3）成立劳动小分队，开展丰富多彩的爱劳动活动，从小事做起，从身边做起，在日常生活中养成爱劳动的好习惯。

（4）举行校园鲜花节开幕式。

第二周：母爱，永远是我们心中最温暖的话题。母亲节来临之际，让我们用行动来关心母亲，用行动延续"感恩"这一永恒的话题。

（1）向母亲了解自己小时候的故事，体会母亲的养育之恩，利用晨会交流。开展"感恩"主题队会。

（2）开展"书签代表我的心"活动。组织队员们自己设计、制作、赠送书签，把对妈妈的爱寄托在一张张小小的书签里，感悟亲情的弥足珍贵，课件表达自己对她们深深的感激和尊重之情。

（3）主动做家务，给母亲一份惊喜，并为妈妈洗一次脚。

（4）陪母亲聊天，在交流中加深感情。

（5）举行"家庭微笑照片征集行动"。

第三周：

第十二章 新时代共青团活动策划实例

（1）以花为主题的儿歌、童谣、优秀古诗文朗诵表演比赛（一至六年级参加，每个班选2名选手参加）。

（2）以花为主题的书画展（一至六年级参加。一、二年级上交作品每班5份，三至六年级上交作品每班10份）。

（3）中队会一节，学校领导班子听。

（4）"花儿朵朵"校园鲜花节主题手抄报（三至六年级参加，各班推选3份作品上交）。

第四周：

（1）准备开展××区的"庆六一"文艺会演。

（2）"花儿朵朵"校园鲜花节为主题师生卡拉OK比赛。（一至六年级参加，每个班准备2名选手参加，时间为5月28日）

（3）优秀手抄报展评。

（4）优秀书画展评。

（5）校园鲜花节闭幕式。

××小学大队部
××××年3月27日

＊点评

这个活动实例是一份详细的少先队活动方案，以下是对于该活动实例的点评：

1. 活动目的明确：该活动方案明确提出以进行亲情教育和感恩教育为主题，通过各种活动来培养队员热爱家乡、尊敬长辈、关心他人的意识，并弘扬中华民族的传统精神。

2. 活动安排丰富：该活动方案安排了四个星期的活动，每个星期的活动都不同，内容丰富，具有针对性和教育性。

3. 活动注重实践：该活动方案非常注重实践，例如让队员们自己设计、制作、赠书签，把对妈妈的爱寄托在一张张小小的书签里，感悟亲情的弥足珍贵。

4. 活动主题贯穿始终：整个活动方案以亲情教育和感恩教育为主题，主题贯穿始终，没有偏离。

5. 活动安排具体详细：每个星期的活动都安排得具体详细，包括活动内容、活动时间、活动对象等，使得活动能够顺利开展。

6. 活动主题与中华传统精神相结合：该活动方案将亲情教育和感恩教育与中华民族的传统精神相结合，既符合现代教育的理念，又弘扬了中华传统精神。

总之，这个活动实例是一份优秀的少先队活动方案，它注重实践、主题明确、安排具体详细，将亲情教育和感恩教育与中华民族的传统精神相结合，具有很强的教育性和启发性。

【实例42】"庆祝建队日"中队主题活动方案

××小学"庆祝建队日"中队主题活动方案

一、活动目的

1. 了解红领巾的来历，对队员进行民族精神教育，激发他们热爱红领巾，愿意为红领巾添光彩的思想感情。

2. 新少先队员入队，增强少先队的凝聚力。

3. 完整地举行大队活动程序，队员自主参与、自由讨论、自主表演，在活动中受到少先队礼仪教育，受到民族精神教育，为中队主题活动在程序和内容，以及队员管理、活动组织方面做出榜样和示范。

二、活动时间

少先队建队日——10月13日上午

三、活动地点

操场

四、参与人员

全体师生

五、邀请领导机构

校　　长：×××

教导主任：×××

六、活动具体过程

1. 主持人讲话：宣布活动正式开始。

星星金闪闪，火炬光灿灿，少先队员手拉手，红领巾在胸前飘舞。今天，我们集合在星星火炬之下，庄严地举起右手："准备着，为共产主义事业而奋斗。"××小学大队部"庆祝建队日"主题队会现在开始。

2. 出队旗，唱队歌。

3. 辅导员讲话：对队员进行队知识教育。

4. 红领巾的来历。

主持人：《中国少先队队章》规定："我们少先队员的标志——红领巾，她代表红旗的一角，是革命先烈的鲜血染成的。"

看到飘扬的国旗，我们就会想起一个难忘的历史镜头——江姐和战友们在狱中含泪绣红旗。

主持人：像江姐一样的无数革命英雄经过浴血奋战，才使鲜艳的五星红旗飘扬在天安门广场。今天，我们的辅导员老师有一个小小的心愿，愿她手中的红领巾传到我们新一代少年儿童身上，使她更红更鲜艳。

5. 传红领巾

（仪式：大队辅导员—中队辅导员—中队长—队员）

请中队辅导员上台，领取四条红领巾，传给中队长，中队长再将红领巾分传给四个小队，一个接一个地传下去，一直传到本小队的最后一位队员。

旁白：今天，党把红旗化作千万条红领巾，让每个少先队员佩戴在胸前，就是要求少先队员继承红旗事业，就是要让革命精神代代相传。

主持人：队员们，你们接过红领巾时，心里在想些什么？（队员自由发言）

6. 珍惜爱护红领巾

主持人：新时代的少先队员都应懂得红领巾的意义，热爱红领巾，珍惜红领巾的荣誉。我们怎样为红领巾增添光彩呢？请各班分组讨论。

7. 为红领巾添彩

（1）给新队员佩戴红领巾

主持人：在我们学校里有许多为红领巾增添光彩的人。他们热爱学习、关心集体、团结同学、争做好事，确实为红领巾增添了不少光彩，值得我们学习。今天，借这个机会，让我们请大队辅导员宣布新队员名单。

a. 辅导员宣布新队员名单。

b. 请少先队员代表给新队员佩戴红领巾。

（2）合唱《我们是共产主义接班人》

主持人：队员们，让我们接过先辈手中的火炬，奋发向前。今

第十二章 新时代共青团活动策划实例

天,我们是练翅的雏鹰;明日,我们是搏击长空的雄鹰。(合唱《我们是共产主义接班人》)

主持人:请大队辅导员为我们的活动做总结。

大队辅导员:今天,我们全体少先队员欢聚一堂,举行了少先队建队日的庆祝活动。在活动中,一部分新队员光荣地加入了少先队。队员们知道了红领巾的来历。我们要更加珍爱胸前的红领巾,天天佩戴,让它整洁、干净,并且用实际行动为红领巾添光彩。本次活动比较完整地执行了主题大队活动的程序。我们各班的主题中队活动也要严格按这个程序进行,让队员们自主参与、自主表演,使队员在活动中培养能力,锻炼才干,受到教育。

8. 辅导员领呼号(准备着:为共产主义事业而奋斗;时刻准备着)

中队长:全体起立,呼号。

9. 退旗,敬礼。

中队长宣布:"庆祝建队日"主题队会到此结束。

××小学少先队大队××中队
××××年××月××日

＊点评

这份"××小学'庆祝建队日'中队主题活动方案"是一份非常详尽且富有创意的活动方案。以下是对这份方案的一些优点和改进建议:

优点:

1. 主题突出,贯穿始终:整个活动方案以庆祝建队日为主题,从活动目的、时间、地点、参与人员到具体活动流程都紧紧围绕主题展开,使得活动更具针对性和教育性。

2. 活动安排丰富,有深度:活动安排包括仪式、教育、讨论、表演等多个环节，有利于全面锻炼和提升队员的素质。同时，每个环节的设计都具有深度，比如在"传红领巾"环节中，通过辅导员和中队长的层层传递，使得红领巾的意义更加深入人心。

3. 创新性强：在活动设计中，有许多创新性的元素，比如在"为红领巾添彩"环节，通过讨论和表演的形式，让队员们自主分享为红领巾增添光彩的实际行动，既增强了队员们的自主性，又使得活动更加生动有趣。

改进建议：

4. 增加队员参与度：在活动设计中，可以更多地考虑如何提高队员的参与度。例如在"为红领巾添彩"环节，可以鼓励每个小队都进行讨论和分享，让更多的队员有机会发言和参与表演。

5. 注重细节管理：在活动过程中，一些细节问题也需要关注。比如在"出队旗，唱队歌"环节，需要注意队旗和队歌的规范性；在"传红领巾"环节，需要注意红领巾的规范佩戴方法等。

6. 考虑活动效果：在设计活动时，可以考虑活动的实际效果。比如在"为红领巾添彩"环节，可以设计一些具有代表性的实例分享，让队员们更好地理解和接受为红领巾增添光彩的理念。

总体来说，这份活动方案是一份优秀的活动方案，具有很强的操作性和教育性。如果能根据以上建议进行一些改进，相信会更加完美。

【实例43】少先队知识竞赛主题活动方案

××小学"庆队日"少先队知识竞赛主题活动方案

活动主题：庆队日爱国情

活动目的：增强参与意识　激发爱国情感

活动口号：祖国在我心

活动人员：全校学生参与阅读、观摩，五、六年级中队代表参与竞赛

活动时间：××××年10月12日（13日是少先队第××个建队日）

活动场地：广场

小小主持人：校少先队大队长×××　特邀小主持×××

小小公正员：少先队大队委三名

评委老师：三名中队辅导员老师

评比表彰：各队基础分100分，然后根据各代表队答题的最后得分，评出团体一、二、三等奖，颁发奖状。个人评选"最佳选手""优秀选手"。

活动步骤：

一、整队、出旗、唱队歌

（1）各中队依次起立，各中队长向大队长报告人数；大队长向辅导员报告人数；辅导员同意，活动开始。

（2）全体起立，行队礼，面向队旗。播放《出旗曲》引旗、出旗、护旗。

（3）全体队员齐唱《少先队队歌》后坐下。

二、竞赛答题

（1）主持人讲话

（2）少先队知识竞赛

必答题。共设5组题，每组5小题，难易程度基本相同，各代表队抽签后定题、答题。每个代表队有两次求助机会，可以请主持人去掉一个错误答案，也可以向本中队观众方阵求援。30秒钟内答对一题加50分，答错记0分。

共答题。共设5题，每题50分，各代表队均答题，30秒钟内答对一题加50分，答错记0分。

抢答题。共设10道题，各队在抢到答题权后方可答题，30秒

钟内答对一题加 50 分，答错或抢到答题权而不答则倒扣 10 分。

自由阐述题。共设定 5 题，每题 50 分，抽签后答题，每题答题时间 2 分钟。评委老师针对学生对所给话题的阐述情况分 5 个级别评分：50 分、40 分、30 分、20 分、10 分。

创新设计题。共设计 5 道题，每题 50 分，每队抽答一题，每题答题时间 2 分钟。评委老师针对学生对所给话题的阐述情况分 5 个级别评分：50 分、40 分、30 分、20 分、10 分。

(3) 发布公正词、发奖

三、辅导员讲话

四、呼号、退旗

(1) 呼号时，全体起立，右手握拳，拳心在头侧。辅导员领呼：准备着，为共产主义事业而奋斗！少先队员回答：时刻准备着！

(2) 全体起立，行队礼，播放《退旗曲》，引旗、退旗、护旗。

五、校长总结讲话

××小学少先队大队部
××××年××月××日

*点评

这是一份"庆队日"少先队知识竞赛主题活动方案，从这份活动方案中可以看出以下几点：

1. 活动组织者对于活动的目的、口号、人员、时间、场地、主持人、公证员、评委老师、评比表彰、活动步骤等都做了详尽的规划和安排，体现了活动组织者对活动的重视和对活动的充分准备。

2. 活动内容丰富，包括必答题、共答题、抢答题、自由阐述题、创新设计题等，这些环节既考验了参与者的知识储备，也考验了他们的团队协作能力和应变能力。

3. 活动设计具有互动性，比如在必答题和共答题环节，设计了求助机会，增强了活动的趣味性和参与性。

4. 活动设计中体现了公正、公平的原则，比如设立了公证员和评委老师，对每一题的回答进行评分和点评，保证了活动的公正性。

5. 活动设计还体现了创新性，比如在自由阐述题和创新设计题环节，让参赛者自由发挥，鼓励他们展示自己的创新思维和独特见解。

总体来说，这份活动方案充分考虑了活动的目的、参与人员、活动内容、时间地点等因素，并且具有创新性和趣味性，是一份优秀的活动方案。如果有需要改进的地方，可以考虑在活动结束后增加一些反馈和总结的环节，让参与者更好地了解自己的表现和需要改进的地方。

【实例44】 主题队日活动方案

××小学主题队日活动方案

一、活动主题

我是队旗下光荣的一员

二、活动时间

××××年10月

三、活动安排

1. 庆祝建队日开展"四个一"活动

（1）营造一种节日气氛：校门口悬挂有"热烈庆祝中国少年先

锋队建队××周年"或"星星火炬伴我快乐成长"等字样的横幅或各种标语板。

（2）向队旗敬一个标准的队礼：10月13日建队日当天早上，学校少先队大队旗手执大队旗在校门口迎接少先队员的到来，少先队员在队旗下庄严地敬上一个标准的队礼。

（3）重温一次入队誓言：结合建队节新队员入队仪式，辅导员带领全体少先队员重温新修改的入队誓词。新的入队誓词：我是中国少年先锋队队员。我在队旗下宣誓：我热爱中国共产党，热爱祖国、热爱人民，好好学习、好好锻炼，准备着：为共产主义事业贡献力量！

（4）开展一次少先队特色活动。

时间：10月12日（星期四）下午第2节课

少先队第一大队部举行"我是队旗下光荣的一员"的大队主题活动。

少先队第二大队部以中队为单位举行建队日主题队会。同时上交主题方案。

2. 根据实际深入开展道德实践活动。

（1）各班开展"感动生命　感谢红领巾"道德实践体验活动之"感动"进校园。

一年级继续开展队前教育，结合建队日10月13日进行一些简单队知识的比赛。

二年级结合建队日开展队知识技能比赛。如红领巾的正确佩戴、队礼的正确姿势，队歌、国歌的演唱等。

三年级结合建队日与一年级结对开展"少拉手"活动。如教新生怎样佩戴红领巾，怎样行队礼，国歌、队歌的学唱等。

（2）各中队开展"感动生命　感谢红领巾"道德实践体验活动之"感动"进家庭。

一、二年级做一件让家人感到自己已经长大了的事。(把所做的事用作文的形式反馈)

三、四年级开展我为家人做顿晚餐。(用漫画或照片的形式反馈)

五、六年级开展我为家庭承担家务。(和家人签订一份承担家务的协定书)

(各中队做好资料收集,择优上交)

××小学少先队大队部
××××年××月××日

＊点评

这份"××小学建队日活动安排"方案非常详细,考虑到了各个方面,具有以下几个优点:

1. 主题明确:该方案以"我是队旗下光荣的一员"为主题,突出了少先队员的自豪感和使命感,有助于激励少先队员积极参与活动。

2. 活动丰富:通过"四个一"活动、少先队特色活动、道德实践活动等,让少先队员在快乐的氛围中学习、成长,同时也有利于培养他们的团队协作能力和创新精神。

3. 考虑周全:方案中考虑到不同年级的实际情况和特点,有针对性地设计了不同的活动内容,有利于活动的顺利开展。

4. 强调纪律:在活动中,要求少先队员遵守纪律、尊敬师长、团结同学等,有利于培养他们的良好品德和行为习惯。

如果需要进一步改进,可以考虑以下几点:

1. 在实际操作中,可以根据实际情况对活动内容进行适当调整,以更好地符合学校和学生的实际情况。

2. 在活动设计中,可以增加一些更具创新性和趣味性的元素,以更好地吸引学生的参与兴趣。

3. 在道德实践活动中，可以增加一些更具有代表性和典型性的实例，以更好地引导学生树立正确的价值观和道德观。

总体来说，这份方案非常完整、详细，考虑到了各方面，是一份较优秀的活动方案。